中国社会发展指数的构建与实证

面向全面小康社会

李连友 等◎著

中国市场出版社
China Market Press
·北 京·

本书编写组

李连友

韦思源　　刘知雨　　杨　阳

宋格方　　陈　琪　　彭建凯

前　言

经济、社会与科技历来是拉动人类社会不断进步和发展的三驾马车。其中，哪驾马车出现故障，都会给这个社会带来不和谐的音符。改革开放以来，我国在经济和社会生活各方面取得重大进步的同时，一些社会深层次的问题也日益凸现，比如社会民众的医疗问题、社会保障问题、子女教育问题、就业问题等，并一再引起社会和学术界的进一步讨论。

我们的历届政府都十分关注社会问题。尤其是党的十八大以来，以习近平为核心的党中央通过强力反腐和依法治国，以及逐步加大政府在公共领域的投资，有效地解决了一些社会问题。但是必须承认，由于社会问题的复杂性和解决这些问题的艰巨性，我们在完成全面建成小康社会的任务的过程中还有许多艰巨的任务待完成，还有很长的路要走。

社会统计指标是经过收集、整理和概括以后，用以反映社会现象发展状况和变动趋势的概念和数字，是人们认识社会的强有力武器之一。如何从统计描述和监测评价的角度构建一套能全面反映我国社会发展状况和特点的统计指标体系，并对我国的实际情况进行实证分析和研究，是社会学界和统计学界亟待解决的一项重要课题。本书试图在这些方面做些有益的探索。

本书在前人已有的有关社会统计指标体系研究成果的基础上，克服了以往这一研究领域指标过多、过乱和过于分散，没有体现社会本质特征等诸多缺点，针对全面建设小康社会的背景，主要就社会统计指标体系的基本理论、国内外有关社会统计指标体系研究的理论与实践、我国社会统计指标体系的构建等进行了完善研究，并在此基础上，对近些年我国社会发展状况进行了实证分析，得出了相应结论。

本书主要包括如下内容：

第一章：导论。主要就提出这一研究问题的背景及其研究的意义、本书所要完成的研究目标和任务等内容进行了阐述。

第二章：社会统计指标的基本理论。主要针对社会统计指标的概念、构成要素、功能、分类以及社会统计指标体系理论等问题展开了研究。

第三章：国际上有关社会统计指标的研究历史及现状。主要对世界一些主要国际组织和国家有关社会统计指标的研究进行了综述，并阐明了其对建立和完善我国社会统计指标体系的启示。

第四章：国内社会统计指标研究的历史及现状。主要研究了我国改革开放以来有关社会统计指标体系研究的理论和实践，包括小康社会统计指标体系、和谐社会统计指标体系以及两型社会统计指标体系等。

第五章：我国社会统计指标体系的构建。主要在前面研究的基础上，采用科学的社会、统计理论与方法构建了我国新型的社会统计指标体系。

第六章：我国社会发展状况的实证研究。依据第五章的指标体系对我国2005—2014年的社会发展状况进行了实证分析研究，得出相应的结论，并据此提出相关政策建议。

由于综合评价理论与方法所固有的特征，对任何一种现象的评价都无法避免评价者的主观因素。由此常会造成的是，对于同一种现象，往往由于评价者所采用的评价标准不同、评价方法不同，或是其他原因而得出不同的结论，有时甚至大相径庭。对此，评价者所能做的，就是将这种主观因素对评价结果的影响降到最低限度。不可否认，由于受到个人价值观、社会观的影响，我们在构建我国社会统计指标体系，并对我国的社会发展状况进行实证分析时，也不可避免地掺杂一些主观意识，包括指标的选取、权重的确定、目标值的规定等。但是，正如前述，我们在完成这些方面的研究工作时，努力克服主观意识的影响，尽量做到客观公正、有理有据地选择评价指标，依据各项指标的重要性确定其权重，并且依据科学的估算方法、专家意见和相关组织的研究成果，以及有关政策发展目标来确定2020年每项指标的目标值。

我们相信，依据上述所构建的社会统计指标体系，基本上符合科学、公正、客观和实用的要求。并且，通过采用综合评价方法对我国 2005—2014 年社会发展状况所做的实证分析，基本上能够客观、准确地反映我国社会发展的现实，其结论是可信的，依据结论所提出的建议措施对改善我国社会发展状况具有重要的指导意义。

李连友

2016 年秋于北京

目　录

第一章

导　论

经济、社会与科技历来是拉动人类社会进步和发展的三驾马车。其中，任何一驾出现故障，都会给这个社会带来不和谐的音符。改革开放以来，随着我国经济和社会生活各方面取得具大进步，以及政治、经济、文化、教育、医疗、住房等领域各项体制改革的逐渐深入，社会问题也日益成为各级党政领导和社会公众普遍关注的热点。党的十七大以来，尤其是党的十八大以后，党中央、国务院十分重视改善社会工作，不仅将改善民生作为建设中国特色社会主义社会的重点之一，还明确制定了到 2020 年全面建成小康社会的具体奋斗目标。与此同时，一些社会领域的重要问题，比如社会民众的医疗问题、社会保障问题、子女教育问题、就业问题，再一次引起学术界的进一步关注。从统计描述和监测评价的角度看，如何构建一套能全面反映我国社会发展状况和特点的统计指标体系，并据其进行实证分析和研究，这对于丰富社会学理论研究，扩大统计学的应用领域，以及为实际部门决策提供支撑都是十分必要的。为此，本书试图在这些方面做些有益的探索。

第一节 问题的提出及其研究意义

世界各国的发展历史已经证明，任何一个国家在任何一个时期只注重经济的发展而忽视社会问题的解决都是行不通的。一个国家的社会状况如何，需要用一个完整的社会统计指标体系来测度，而建立一个科学、完善的社会发展指标体系，对于全面、准确地描述一个国家或地区某个时期的社会发展状况至关重要。

综观世界各主要发达国家和国际组织有关社会统计指标体系的研究历史和实践状况，尽管它们的研究成果具有许多可取之处，但也存在不少这样或那样的不足，需要进行进一步完善。

目前，我国具有权威性并且能够较为全面反映经济与社会发展状况的统计指标体系基本上通过国家统计局每年公开发表和出版的《中华人民共和国××年国民经济和社会发展统计公报》、《××年中国统计摘要》、《××年中国统计年鉴》和内部出版物《××年国家统计调查制度》来体现。长期以来，在以经济建设为中心的思想指导下，我国的经济和社会统计指标体系主要以反映国民经济发展状况为主，反映社会发展状况的指标却很少。近年来，随着各级党政部门越来越重视民生和社会问题，各级统计部门也纷纷增加了有关社会问题的统计内容。然而，就目前我国现有的经济与社会统计指标体系来说，关于社会问题的统计内容虽然有所增加，但还很不健全、不完善，而且统计的内容都分散在各个不同的统计领域，不便于完整、系统地反映社会发展状况，也不利于对其进行全面把握和系统分析。

我们认为，要科学地统计描述、监测和评价我国的社会发展状况、特点和规律，必须改变目前社会统计指标过于分散、某些社会统计指标因陈旧而不适合继续使用、缺少权威性社会统计指标体系的现状，进一步构建和完善新的社会统计指标体系，并在此基础上整合现有统计数据资源，以便对社会发展状况进行客观描述与评价。

开展重新构建和完善我国的社会统计指标体系工作，是实现统计的历史使命，服务于全面建设小康社会和促进社会事业健康发展的需要。

统计向来以满足各级党政决策部门和社会公众需要为使命。一个国家或地区，在各个时期所关注的经济和社会问题的重点会有所不同，因而对统计的需求也各异。统计部门能否满足各级决策部门和社会公众对了解这些问题的需求，是衡量统计部门能否很好地实现其历史使命的试金石。

随着我国经济社会改革的不断深入，诸如住房、医疗、教育、社会保障、收入分配、就业等社会问题都是当前和今后相当长时期内全社会所关注的热点问题，统计部门能否将这些社会问题的发展状况和特点，通过利用指标体系的方式完整地公布于全社会，是摆在每个统计工作者面前的重大而艰巨的任务。开展有关社会统计指标体系的理论研究和实践探索，对于统计部门更好实现自己的历史使命，促进社会事业的发展都十分必要。

此外，开展重新构建和完善社会统计指标体系研究，对于丰富社会统计指标理论和促进社会统计工作的实践都具有重要意义。社会统计指标理论自20世纪60年代在美国诞生以来，经过半个多世纪的发展，尽管在世界各国和地区以及一些国际组织都有丰富的内容和实践，但随着人类社会的不断进步，该理论也需要不断地完善。尤其在我国目前情况下，开展有关社会统计指标体系的研究，更具有十分重要的实践价值。

第二节 构建和完善我国社会统计指标体系的目标和任务

一、构建和完善我国社会统计指标体系的目标

我们所开展的构建和完善我国社会统计指标体系研究，主要想在科学的社会学理论和统计学理论指导下，实现以下两个目标：

（1）构建一套既符合我国实际需要又可以进行国际比较，较为科学完善的社会统计指标体系。

针对我国目前部分社会统计指标陈旧过时、社会统计内容分散、缺乏完整统一的社会统计指标体系的现实，通过开展科学研究，整合现有社会统计数据资源，增加缺失的社会统计指标，重新建立一套既符合我国实际需要又可以进行国际比较，既反映当前社会发展状况又可以进行历史对比分析和未来展望，较为科学完善的社会统计指标体系。

（2）设立和计算我国社会发展指数，跟踪研究我国社会发展状况。

在构建和完善我国社会统计指标体系的基础上，通过开展对我国社会发展状况的实证分析研究，设立并计算我国社会发展指数，跟踪、观测、研究我国社会发展状况，从中寻求我国社会发展的规律性，为社会大众了解社会提供服务，为党政部门制定有关社会发展方面的方针政策提供决策支撑。

二、构建和完善我国社会统计指标体系的任务

针对上述目标，本书计划完成以下主要任务：

（1）开展对国内外有关社会统计指标理论与实践的研究，梳理已有的研究成果，为建立我国科学完善的社会统计指标体系奠定基础。

（2）对我国现有经济和社会统计指标体系中属于反映社会内容的指标进行梳理，为建立社会统计指标体系寻求可行性基础。

（3）在上述研究工作基础上，重新构建一套较为科学、完善的，适合我国特点并便于国际比较的社会统计指标体系。

（4）计算我国 2006—2014 年各年的社会发展指数，并据此对我国此间社会发展状况进行实证分析。

第二章

社会统计指标的基本理论

第一节 社会统计指标的一般理论问题

一、社会和社会统计指标的概念

为了明确社会统计指标的概念，首先应当了解“社会”一词的含义。“社会”这个概念有广义和狭义之分。

广义的社会是指“由一定的经济基础和上层建筑构成的总体。也叫社会形态”。[1]我们通常所说的原始社会、奴隶社会、封建社会、资本主义社会和社会主义社会等即为广义的社会概念。显然，广义的社会概念包括经济、政治、科技、文化和宗教等问题，与之并列的概念则是自然，可以称之为自然和社会。

狭义的社会是指“以一定的物质生产活动为基础而相互联系的人类生活共同体”。[2]在这个共同体中，人是社会的主体，物质资料的生产是社会存在和发展的基本条件。马克思在其《雇佣劳动与资本》一文中所说的社会也是狭义的社会概念。他指出：“生产关系总合起来构成为所谓社会关系，构成为所谓社会，并且是构成一个处于一定历史发展阶段上的社会，具有独有的特征的社会。”可见，狭义的社会概念不包括经济的内容，它与经济和科技相对应，构成人们通常所说的人类社会三大活动（即经济类的生产活动，科技

[1] 中国社会科学院语言研究所词典编辑室．现代汉语词典（修订本）[M]．北京：商务印书馆，1997．

[2] 辞海编辑委员会．辞海（缩印本）[M]．上海：上海辞书出版社，1999．

类的科学实验和社会类的人与人之间的交往活动）。

正因为社会有广义和狭义之分，也就决定了社会统计指标也有广义和狭义之分。本书所界定的社会统计指标是基于狭义社会概念做出的。

所谓社会统计指标是经过收集、整理和概括以后，用来反映某种社会现象特征的概念和数值。

社会统计指标是一个复合的概念。它由所反映的对象和指标的性质所界定。

首先，大家知道，在我们所生活的社会环境中，有各种各样的统计指标，比如经济统计指标、科技统计指标、社会统计指标、环境统计指标等。不同领域的统计指标决定了它们所反映的对象也不同。社会统计指标自然是用于反映社会现象特征的。

其次，社会统计指标具有统计指标所有的一般属性，包括统计指标的构成要素、统计指标的性质和作用、统计指标的分类、统计指标的计算方法等。

最后，社会统计指标不同于社会指标。社会指标是一个较为宽泛的概念。它可以是一种计划指标，也可以是一种统计指标，还可以是一种预测指标。社会统计指标只是社会指标中的一种，而且它所强调的是，用来反映社会某种现象特征的数值必须是经过收集、整理和概括后所得到的数据。换言之，它必须是对已经发生或正在发生的某些社会现象特征所做出的的客观反映。

二、社会统计指标的构成要素

如同其他领域的统计指标一样，由于社会统计指标反映某种社会现象特征在具体时间、地点和条件下的具体数量表现，因此，一个完整的社会统计指标必须由以下八个要素构成：

（1）社会统计指标的名称。如何界定社会统计指标的名称，是构建社会统计指标的首要工作。如何保证一项社会统计指标的名称能够恰如其分地反映它所要描述的对象和内容则尤为重要。社会统计指标的名称既要简明扼要，符合社会学的规范，又要使指标的使用者容易理解和接受。

（2）社会统计指标的计量单位。如同普遍意义的统计指标一样，任何一项社会统计指标，无论它是实物指标或是价值指标，乃至劳动指标，都必须有相应的计量单位。明确标出每项社会统计指标的计量单位，既有利于人们直观地认识所关注社会现象的发展状况，也便于在进行综合评价时做好无量纲化处理。

（3）社会统计指标数据的获取和计算方法。任何一项社会统计指标的数值都是靠收集、整理和概括得到的。明确规定各种社会统计指标数值的收集、整理和计算方法，乃是一项确保所收集的数据准确、客观，经过计算所得数值准确无误的十分重要工作。

（4）社会统计指标的时间范围。明确规定一项社会统计指标的时间范围能够向人们表明该项指标所描述的社会现象是在什么时点或时期内发生的。如果某项社会统计指标所反映的社会现象属于某一时点上的数量表现，就必须明确规定一个标准的时点；如果某项社会统计指标所反映的社会现象属于某一段时间范围内的数量表现，就必须明确规定该项指标的起止时间。

（5）社会统计指标的空间范围。一项社会统计指标可以是反映诸如全国范围内某种社会现象的宏观指标，也可以是反映一个地区某种社会现象的中观指标，还可以是反映一个社区、一个家庭某种社会现象的微观指标。因此，当研究者向人们展现某项社会统计指标时，就应当明确表明该项指标所包含的空间范围，以便于人们准确把握它的空间界限。

（6）社会统计指标的具体数值。一项社会统计指标当具备了上述 5 个要素后，随后才是指标的具体数值。换言之，只有当某项社会统计指标满足了上面的 5 项限定要求，其具体数值才有意义。否则，这个数值有可能成为容易引起歧义的指标数值。

（7）社会统计指标数值的来源。统计数据区别于其他数字的很重要一点是，它所强调的必须是“数出有据”。任何一个社会统计指标数据的管理者在对外发布统计数据时，不管这些数据是通过亲自调查获取的第一手资料，或是引用别人的二手数据，都要如实、具体地说明其来源。只有如此，才能向人们表明数据真正符合“数出有据”的要求。同时，如果是引用别人的数据，也展示出对他人劳动成果的尊重。

例如，据国家统计局 2011 年 4 月 28 日发布的第六次全国人口普查数据，“大陆 31 个省、自治区、直辖市和现役军人的人口中，具有大学（指大专以上）文化程度的人口为 119 636 790 人”。[1]这一社会统计指标就包含了上述的七大要素。其中的数据获取和计算方法隐含在该项指标的背后，只要掌握了社会统计基本原理的人都会对其有所了解。

---

[1] 参见国家统计局网站：统计数据—统计公报—人口普查公报—全国人口普查公报：2010 年第六次全国人口普查主要数据公报（第 1 号）。

（8）社会统计指标的注释。这一要素不是所有社会统计指标所必备的。只有当某些社会统计指标一旦缺乏必要的注释，就容易使人们产生疑惑时，才需要对这些指标做些必要的注释。比如，在我国目前的行政区划管理制度下，每当涉及国土陆地面积时，都将对这一指标做出“我国的国土陆地面积960万平方公里，包括台湾省和港澳特别行政区的面积”的解释。显然，只有对该指标做出上述明确的解释，才会消除部分人产生我国官方所公布的国土陆地面积是否包括台湾省和港澳特别行政区的面积的疑问。

三、社会统计指标的分类

社会统计指标按不同的标志可以做各种各样的分类。通常情况下，社会统计指标有以下几种主要分类：

（一）广义社会统计指标和狭义社会统计指标

如果按照社会统计指标所涵盖的范围，可以将其划分为广义社会统计指标和狭义社会统计指标两种。由于社会一词本身具有广义和狭义之分，作为反映社会现象特征的统计指标自然也有广义和狭义两种。

广义的社会统计指标，是指依据前述广义“社会”概念所构造的统计指标。按照广义社会概念来构造社会统计指标，可以包含范围极为广泛的内容。比如，着眼于全面建成小康社会、实现社会主义现代化和中华民族伟大复兴的目标，中共“十八大”报告就提出了为推进中国特色社会主义事业的发展，规划出经济建设、政治建设、文化建设、社会建设、生态文明建设等“五位一体”的总体布局。依据这一理论所构造的统计指标可以视为广义的社会统计指标。

狭义的社会统计指标，则是指按以人为核心这一狭义的社会概念所构造的，包括反映社会生活、社会环境、社会结构和社会服务与管理等方面的统计指标。随着社会的不断发展与进步，狭义的社会建设问题越来越多地被高层领导机构提上重要的日程。绝大多数有关社会问题的研究也都集中在狭义的社会领域。本书所开展的研究也秉承狭义社会的概念探讨如何建立和完善社会统计指标的理论问题，只是把经济与科技、资源与环境作为社会问题的基础，涉及这些领域少量的统计指标。

（二）综合性社会统计指标和专题性社会统计指标

如果按照指标的功能不同，可以将社会统计指标区分为综合性社会统计指标和专题性社会统计指标。

综合性社会统计指标，是指那些经过某种整理、计算和概括后，运用一两个带有综合性数据来反映社会整体状况的统计指标，如中国小康社会实现程度、幸福指数等均属于这类指标。这些综合性社会统计指标可以满足人们观察和了解某个国家或地区社会整体发展状况的需要。同时也有助于有关社会管理者对整个社会的运行实行有效的宏观管理和调控。

专题性社会统计指标是为了研究某些社会专门问题而设立的统计指标，如为专门研究妇女、儿童和老年人问题而设立的统计指标，为研究社会收入分配问题而设立的统计指标等均属于这一类。

（三）客观社会统计指标和主观社会统计指标

客观社会统计指标和主观社会统计指标是按指标的性质不同划分的。

客观社会统计指标是指用来反映人们所关注的社会现象中客观存在的事物及其状况的统计指标，例如，人口的性别构成、年龄构成、人均消费水平等均属于这一类指标。由于客观社会统计指标定义清晰、标准明确、数据易于收集，因此，在社会学研究中多采用客观社会统计指标。

主观社会统计指标是通过一定的数量表现来反映人们对社会客观现象的感受、评价、愿望和态度等的统计指标。例如，幸福感指数、社会安全感指数等均属于这类统计指标。由于人们日常对客观事物的态度（主观）和行为（客观）往往会出现不一致，同时，不同的人对于同一客观社会现象有可能会出现不同的评价等，这就给利用主观社会统计指标反映社会问题带来一定的困难。因此，在研究社会有关问题时，要尽量少用主观社会统计指标。

四、社会统计指标的理论和方法论基础

社会统计指标横跨社会学和统计学两个学科，建立和完善一套科学系统的指标体系需要以现代社会学和统计学作为其理论和方法论基础。

（一）现代社会学——社会统计指标的理论基础

现代社会学产生于 19 世纪 40 年代的法国，是一门关于社会良性运行和协调发展的条件和机制的综合性社会科学。社会统计指标作为从数量方面来表现社会状况的一种工具，它的建立和完善需要用现代社会学理论作指导，包括指标的定义、指标的选取、指标的分类、指标的解释与评价等。

但是，从另一方面看，现代社会学 170 多年的发展已经表明，社会统计指标理论也对现代社会学的发展做出过很大贡献。对许多社会问题研究所得出的结论，诸如社会生活、社会关系、社会结构和社会变迁等，它们的现状和规律只有通过一定的数量来表现才显得具体、直观，也才具有真正的说服

力。所以，社会统计指标理论越来越成为现代社会学理论体系不可或缺的一部分。二者之间呈现一种相辅相成、相互促进、共同发展的关系。

（二）统计学——社会统计指标的方法论基础

统计学是一门关于如何收集、整理、显示和分析数据信息的艺术和科学。从学科性质来讲，统计学属于一门方法论科学。它的所有统计方法对社会统计指标体系的建立和完善都具有重要的指导作用，包括收集社会现象数据时所采用的观察法和实验法、抽样调查方法等，整理社会现象数据时采用的汇总法和分组法，显示数据时所采用的描述统计方法，以及分析数据时所采用的代表性数据的测度与评价法、相关与回归分析法、区间估计与假设检验法、时间序列和指数法、综合评价法等。

因此，只有在科学的统计学方法论指导下，我们所建立的社会统计指标以及依据指标所收集、整理、分析的数据才能客观、准确地反映人们所关注的社会现象。

第二节　社会统计指标的功能

社会统计指标是人们认识社会最强有力的武器之一。具体说，它具有以下几个重要功能：

一、描述与推断社会发展现状的功能

社会统计指标的描述功能，是指通过指标的名称和具体数值对某种社会现象是什么、怎么样等进行客观的反映，为判定社会现象的性质与特征提供支撑。

在研究社会问题过程中，多数情况下不可能对所有问题都进行全面的社会调查，经常会通过一些抽样调查取得一部分社会发展现状的样本数据，然后再用这些样本数据推断整个社会状况。因此，当有些社会统计指标数值是通过抽样调查得到时，这些指标便具有了推断的功能。

二、评价社会发展状况的功能

社会统计指标作为一种测量尺度对一定时期的社会状况具有评价的功能，也

就是通过对所研究的社会现象的状况及其发展变化趋势进行测度、分析和比较研究，依据事先给定的标准，对该种社会现象的好坏、优劣等做出适当的判断与评价。

三、监督社会发展变化的功能

多数社会现象的发展变化都是可以用数量来表现的，而且任何一种社会现象发生质的变化都是由量变引起的，这种由量变到质变都有一定的数量界限。社会统计指标由于是从数量方面反映社会现象的发展变化，由此便具有了对社会现象进行监督的功能。一旦某种社会现象的发展变化逼近了临界点，社会统计指标将会发出一定的预警，以便引起人们足够的重视。

四、预测社会发展趋势的功能

任何事情预则立，不预则废，对社会问题的研究也如此。由于社会统计指标占有了过去和现在有关社会问题的大量资料，因此为预测社会未来的发展趋势创造了良好的条件。所以，根据已有的过去和现在的社会统计资料对社会的未来做出预测，便是社会统计指标一项重要的功能和职责。

第三节　社会统计指标体系

一、社会统计指标体系的概念

前面我们对社会统计指标的概念、分类及其功能进行了一些探讨。通常情况下，一项社会统计指标只能从一个方面反映社会发展的状况或规律。然而，社会问题本身是极为复杂的，对它的研究也极为困难复杂，只用一两个社会统计指标很难全面、准确地反映社会发展状况，也不宜达到研究的目的。因此，必须建立一套科学完善的社会统计指标体系。

“体系”一词，《辞海》的解释是“若干有关事物互相联系互相制约而构成的一个整体”。[1]联合国编写的《社会和人口统计体系》将“体系”定义

[1] 辞海编辑委员会. 辞海（缩印本）[M]. 上海：上海辞书出版社，1999.

为“由一些有规律的互相作用或互相依赖的形式联合起来的物体的聚合物或集合物”。[1]这里，无论是《辞海》还是联合国出版物，都将“体系”界定为由许多相互联系相互制约的事物（物体）组成的整体。由此可见，不管何种体系，构成该类体系中的若干事物（物体）之间不是杂乱无章、毫无联系的，而是相互之间有着密切联系和相互制约的关系的。

通过对“体系”一词的考证，我们认为，所谓社会统计指标体系，是由若干个相互联系、相互制约的社会统计指标构成的整体。这个整体可以从多个方面反映社会发展状况和变动规律。

二、社会统计指标体系的反映对象

由于统计指标是从数量方面反映所研究问题特征的，因此，总体来说，社会统计指标体系的反映对象是大量有关社会问题的数量表现。具体而言，社会统计指标体系的反映对象包括以下三个方面：

（一）有关所研究社会问题数量特征的多种数量表现

所谓社会问题数量特征的多种数量表现，是指通过采用多种绝对数形式的社会统计指标对所研究社会问题的规模、水平等数量特征从多个方面、多种角度做出观察和反映。

关注社会问题的数量特征表现，往往是人们认识所研究社会问题的起点。比如，要认识一个社会的规模有多大，首先必须搞清所关注的这个社会群体的人口数量和家庭数量是多少，以及有多少个相关的社会组织等。只有认清了这些人口和组织形式的基本数量特征，才能为进一步认识它们的质的特征奠定基础。

（二）有关所研究社会问题质量特征的多种数量表现

所谓社会问题质量特征的多种以数量表现，是指通过多种以相对数或平均数等为形式的社会统计指标对所研究社会问题的质量特征，诸如人口的性别构成与年龄构成、社会的安全感程度等进行的反映。

在社会统计中，相对数和平均数通常是用来反映所研究社会现象质的特征的。其中，相对数主要用于反映社会现象之间的数量依存关系或同一社会总体内部的数量结构。例如，在社会人口统计中，通过性别比例即可以判断这个社会群体在男女构成方面是否合理；通过每千人拥有的医生数，就可以

[1] 朱庆芳．社会指标体系［M］．北京：中国社会科学出版社，2001．

判断人们的就医条件如何。平均数则是用于反映某种社会现象在某一时期或某一时点上所达到的一般水平。例如，通过平均预期寿命就可以看出所研究群体人口寿命所达到的一般水平。

因此，通过利用有关相对数和平均数指标，可以很好地反映所研究社会问题质的特征，为我们更加深入、细致地认识有关社会问题的本质提供帮助。

（三）有关所研究社会问题由量变到质变的多种数量界限

很多社会问题由一种性质变为另一种性质是有一定的数量界限的。比如，基尼系数保持在怎样一种水平人们才认为收入差距不是过大；失业率应当控制在百分之多少以下才不至于引起社会的动荡等。所有这些，都存在一个数量界限问题。有些社会问题表现为在某一数量界限上（标准数量界限的下限）发展水平越高越好，如人口预期寿命、人口平均受教育年限等都属于这一类指标，通常称为正指标；有些社会问题表现为在某一数量界限下（标准数量界限的上限）发展水平越低越好，如失业率、社会犯罪率等均属于这一类社会指标，通常称为逆指标；还有些社会问题表现为必须在一定数量界限范围内，无论是超过标准数量界限的上限或下限均不够理想，例如人口的男女性别比、反映收入分配差距状况的基尼系数等均属于这一类指标，通常称为适度指标。如何明确界定社会现象中的这些数量界限，是社会统计指标体系研究的重要对象之一。

三、社会统计指标体系的反映范围

如何确定社会统计指标体系的反映范围，也是建立和完善社会统计指标体系需要研究的重要问题。具体说，就是社会统计指标体系究竟应不应当包括社会本质以外的统计指标内容的问题。

以往，对于社会统计指标体系的范围，有关社会研究领域的学者存在着三种观点。一种是坚持宽口径社会统计指标体系观点。其具体做法是，除了把狭义社会统计指标纳入体系范围，还不分孰轻孰重，把大量的经济科技指标、生态环境资源指标等都纳入到社会统计指标体系。另一种是坚持窄口径社会统计指标体系观点。他们的做法则是排斥所有反映社会本质特征（狭义社会概念）以外的统计指标，只将反映社会现象本身的指标纳入统计指标体系中。再一种观点则是，介于前两种观点之间，既不盲目地把大量的社会指标以外的统计指标置于体系内，也不是单纯选择社会统计指标，而是将少量重要的、与社会统计指标密切相关的经济与科技、资源环境等指标纳入社会统计指标体系。

我们认为，一个完善的社会统计指标体系应当采取上述第三种观点的做法。因此，本书在确定社会统计指标体系的反映范围时，采取将经济与科技、资源环境这两种因素（也可以认为是三种因素）作为社会生存、运行和发展的基本条件而选取部分重要指标，将社会本质内容作为核心因素选取更多一些指标的做法，从而构成一个完整的社会统计指标体系（具体内容详见第五章）。

第三章

国际上有关社会统计指标的研究历史及现状

第一节 国际上有关社会统计指标研究综述

自从人类社会进入 21 世纪以来，以“社会统计指标体系”为核心内容的研究课题普遍受到国际组织、各类研究机构、专家学者的关注。相关研究论著也以各种形式不断强调社会统计指标体系的重要作用及深远意义。在此，我们结合社会统计指标体系这一社会科学领域的相关理论与研究成果对其背景、目的、发展进程以及应用领域等进行梳理，并在此基础上进一步探讨其发展前景与发展趋势。[1]

一、社会统计指标体系建立的背景与目的

社会统计指标体系正式出现在社会科学研究领域，始于 20 世纪 60 年代中期的美国。美国宇航局在试图对其宇宙空间项目给美国社会带来的影响进行探测、考察时，发现相关领域的信息近乎空白。不仅缺乏相关的研究数据，甚至相应的研究方法与概念也是完全缺失的。于是，他们便开始了对社会指标问题的研究。这一项目的发起人雷蒙德·鲍尔（Raymond Bauer）——他被普遍认为是“社会统计指标体系”这一概念的首创者。在他给出的定义中，社会统计指标体系是“一系列的统计数据与统计资料，以及所有有助于人们了解社会现状以及未来发展方向的信息与资料”（Bauer，1966）。

[1] 由于社会统计指标也属于社会指标的一种，因此，在本章有关国内外对于社会统计指标的研究，有时也将社会指标视同社会统计指标来讨论。

“社会统计指标体系”虽然被看作是20世纪60年代以及70年代早期的产物，但是，许多更早期的理论与研究为其日后的发展奠定了基础。赫伯特·胡佛（Herbert Clark Hoover）任美国商务部部长期间，在美国商业和经济数据收集工作方面做了大量的工作，并于1933年委托专门机构发布了《美国最近经济发展报告》。美国学者Jan Drewnowski及其团队的相关研究被认为是社会统计指标体系建立的另一重要起源，他们的研究通过明确福利内容以及建立独立指标体系使社会统计指标研究获得了极大的发展（Drewnowski，1970）。另一个对当代社会统计指标的建立起到关键作用的人物是意大利统计学家、犯罪学家Niceforo。他在*Les indices numérique de la civilisation et du progrès*（Niceforo，1921）一书中，尝试建立一种更加明确的度量方式，以促进不同地区、不同时间的社会发展状况可比性的实现。因此，他也可以被看作是当代社会统计指标体系研究的鼻祖。

起源于美国的社会统计指标体系的观点、概念以及一些早期的研究方法迅速传播到欧洲乃至世界各国，许多世界组织也开始进行这一领域的深入研究。世界经济合作与发展组织于1970年开始着手实施其著名的社会统计指标体系研究项目，着力于建立“社会及人口数据系统”（Bertrant，1986/1987）。与此同时，美国社会与经济协会也在后来的诺贝尔获奖得者Richard Stone的领导下开始进行相关研究，力图建立以“社会统计指标体系”为核心的“社会和人口统计体系”。这一系列的相关研究不仅带来了学术领域的进步与发展，更激发人们对建立“社会统计指标体系”的社会责任感与历史使命感。因此，这些研究被人们称为“社会统计指标体系运动”。

显然，“社会统计指标体系运动”的广泛传播与20世纪六七十年代的特殊的政治背景密不可分。在这一繁荣发展时期，一些西方发达国家开始对经济增长目标与社会全面进步之间的关系产生怀疑。经济增长的社会成本（Mishan，1967）开始引起社会的普遍关注。在这样的背景下，关于“多”是不是可以被认为等同于“好”的争论愈演愈烈，公众也普遍认为应当用“质”的概念取代传统的“量”的概念。早在1964年，美国前总统Lyndon Johnson就曾说过“一个伟大的社会应当关心有多好，而不是有多少；应当关心人民生活的质量而不是拥有的物质数量”。在这样的背景下，社会发展质量被认为应当是建立在重视生态环境、正视发展限度基础上的社会财富目标（Glatzer，1992）。

着力于建立一个更加主动的、有效的、理性的执政方式也是当时政治形势的一个显著特点。而这样的执政方式与理念必须建立在充足的、可靠的、详尽的社会资料基础上，只有具备充足的有关社会状况的信息与翔实的资料，执政者才能够清楚地了解社会现状，发现社会问题，监测社会运行。这样的时代发展特点与社会执政要求也对“社会统计指标体系”的建立起到了极大的促进作用（Heinz-Herbert Noll，2002）。

在这样的历史背景下，“社会统计指标体系”的建立被赋予了重要的时代意义。它不仅应当能够反映社会变化，同时还应当能够为政策制定提供理论依据并且真正实现促进社会发展进步的目的。

二、社会统计指标的定义、性质和作用

尽管社会学发展至今，有关社会统计指标体系的定义有多种多样，但是，在这许多的定义中，以下两个应当给予特别的关注：

一个是由澳大利亚国家统计局给出的定义。它认为，“社会统计指标就是用以衡量社会福利水平的指标，它对社会各方面情况进行概括性的描述，并且在社会发展所关注的各个领域起到监测的作用”（McEwin，1995）。

另一个值得一提的定义出现于美国联邦政府相关文件的论述中。它给社会统计指标所下的定义是，“社会统计指标可以定义为反映社会主要方面的情况，并对其发展进程进行监测与评价的统计指标。社会统计指标可以用来明确那些值得关注的社会问题；判断、决定社会发展需要解决的首要问题；并且用以对政策及政府行为的有效性进行监测评价”（美国，1994）。

这两种定义方式都将关注的重点放在社会统计指标反映社会现状以及监测社会变化两个方面的作用。相对而言，美国对社会统计指标的定义要更加全面、更有挑战性。它不仅将社会统计指标作为描述与监测社会发展状况的工具，同时也强调了它在明确社会问题、制定政策目标以及评价政策效果方面的重要意义。

基于所述的特定用途，社会统计指标体系必须具有与之相应的诸多性质，包括对充分反映社会政策理念具有一定的重要性；对潜在社会现象反应灵敏，具有较强的归纳性；清晰明了，易于理解、易于获得，易于合成与分解，并且应当与其他相关指标具有广泛联系（McEwin，1995）。除了这些应当满足这些基本性质，朱迪思·英纳斯（Judith Innes）就“如何成为有利于公共决策的指标”（Innes，1990）这一问题所给出的社会统计指标体系应当具备的基本性质也获得广泛认可。朱迪思·英纳斯所给出的性质包括“必须与所反映对象密切相关；方法的相关；概念清晰明确并获得广泛认可；计算方式必

须准确无误且易于理解；所得结论必须实事求是、准确可靠；能够获得各大持相左意见的党派的普遍认可；并且要能够适用于更加复杂的分析模型”（Innes，1990）。

除了为社会发展目标提供坚实的理论及数据基础之外，社会统计指标体系的另外两个作用也非常重要，这就是监测社会变化以及衡量个人及社会福利状况。

从更广义的角度看，社会统计指标被看作是监测及分析社会变化的有力工具。社会统计指标作为“社会变化监测指标”（Sheldon and Moore，1968）的概念是由美国社会学家奥格本（Ogburn，William Fielding）及与他持相同观点的学者提出并发展起来的（Smelser and Moore，1968）。基于这样的观点与认识，社会统计指标体系被看作是“一系列帮助我们明确认识与了解社会结构、社会进程、社会目标与成绩以及社会价值观等信息的数据资料”（Zapf，1977）。这样的定义方式强调了社会统计指标在监测社会现代化建设以及与之相关的问题与影响方面的重要作用。为了实现这样的作用，社会统计指标应当能够“描述社会变化趋势并对其做出解释，发现相关现象之间的潜在联系，深入探究社会变化的相关影响”（Land，1983）。

社会统计指标体系的基本功能有时也被认为是个人及社会福利的水平、构成与变化的测度工具。福利发展也是建设现代化社会进程中的重要组成部分（Zapf，1993）。基于此，曼瑟·奥尔森教授（Mancur Olson）认为，社会统计指标应当是“制定准确、综合、协调的标准社会规范的统计指标，是社会福利的直接测度指标。它应当能够直观地显示社会所发生的相应变化是否是合理的、正确的，是否能够真正促进社会进步以及人民生活水平的提高”（美国健康、教育及社会福利部，1969）。从广义角度看，社会福利状况的监测与评估也是社会统计指标体系的重要内容与目标。

三、社会统计指标体系的发展

社会统计指标体系是监测与衡量社会福利以及人民生活水平的重要工具。因此，与之相关的理论基础与概念方法就显得尤为重要。“为了实现衡量社会发展的目的，首先应当明确一个‘好’的社会的构成要素有哪些”（Cobb，2000）。关于“好的社会”、“好的生活”构成要素的理论与概念有很多，与之相应的关于社会福利与社会发展的概念也不尽相同。不同的方法与理论揭示了社会发展方方面面的内容以及社会统计指标体系所应当研究的核心问题。

研究者在此基础上对社会统计指标进行了分类：

社会统计指标的分类主要包括：客观指标和主观指标；经济指标和非经济指标；描述性指标和评价性指标；肯定指标、否定指标和适度指标。社会统计指标不同的分类方式中，引起最多关注与争议的是客观指标和主观指标：客观社会统计指标主要是指与个人认知无关的反映社会现实的指标体系；主观指标是从个人角度对社会现状进行观测与评估的统计指标（Noll，2000）。随着社会统计指标体系的不断发展进步，主观指标与客观指标之间的差异在不断缩小。

综观社会统计指标的发展，呈现出以下趋势：

（一）客观社会统计指标与主观社会统计指标的不断融合

使用客观指标衡量社会发展状态需要基于一定的前提条件，而这些前提条件也正是一些学者、政客普遍争论的焦点。首先，必须明确界定对社会发展具有较强代表性的指标内容；其次，必须对什么是“好”，什么是“坏”有明确的规定；最后，必须明确社会的发展前进方向。失业率、犯罪率的降低以及平均收入、教育水平的提高被公认为是社会进步的表现，但人们却无法完全确定有利于社会发展进步的退休年龄等指标，甚至有时在面对诸如收入差距等涉及公平与效率、协调与增长的指标时人们往往很难达成共识（Mc Murrer，1998）。

与之相对的，使用主观的社会统计指标作为社会发展的监测工具也是建立在一定前提基础上的。例如，社会统计指标必须是能够被公民个人感知并进行评判的。而这样的指标确定方式也引发了广泛的争议与讨论。瑞典社会福利学家 R. 埃里克森曾公然对利用主观指标进行社会状态监测的方法提出批评与质疑：“基于个人对社会发展满意度的评估很大程度上取决于该评价对象自身的期望状况”（Erikson，1993）。通过人们的满意程度评判社会发展被批评为“只是测度人们对当前状况的适应程度”（Erikson，1993）。埃里克森认为，“民众的观点与意愿应当通过公民活动在民主政治活动中表达，而不应当通过社会民意调查反映”。然而与之相反的意见认为，“在政策的制定过程中，主观社会统计指标作为政策评估以及目标确定工具是必不可少的”（Veenhoven，2000）。

除此之外，引发质疑的另一焦点问题是主观指标反映信息的有效性及可靠性。但是，没有证据表明主观指标的调查数据在效力和信度方面不及其他的调查数据。“主观社会统计指标考察它们所应当考察的社会内容，并且对社会发展变化更加敏感”（Habich，1994）。

社会的发展变化需要得到人民大众的认可，但是“由于自身所处环境及个人期望值的差异，不同的调查对象对相同的社会环境认识可能不尽相同”（Zapf，1984）。基于这样的认识，伴随着社会的不断发展，社会统计指标体系中主观指标与客观指标的结合也逐渐被社会各界普遍接受。

（二）从关注社会发展到关注可持续发展

社会凝聚力与可持续发展是一个和谐社会重要的构成要素。近年来，社会凝聚力这一问题不仅成为学术界争论的焦点，同时也是成为世界各国以及国际组织制定政策时所不得不慎重考虑的重要因素。Berger-Schmitt 在其著作中将社会凝聚力指标表述为相辅相成，却又存在差异的两方面内容：关注包括分配不公、民族差异以及分裂活动在内的亟待解决的社会问题相关指标；以及致力于加强国家、社会内部联系，进而增强社会凝聚力的社会活动等相关指标。虽然社会凝聚力指标对社会和谐发展起着举足轻重的作用，但是长久以来都无法得到社会统计指标体系主流理论的关注与重视（Heinz-Herbert Noll，2001）。

20 世纪 90 年代期间，可持续发展的概念引起了社会各界普遍关注，也成为一个社会发展的重要模式。“可持续发展的概念可以被看作是关于如何促进社会平衡、和谐发展的全新的解答”（Noll，2000）。可持续发展概念的流行始于 1987 年，是由世界环境与发展委员会《我们共同的未来》报告所提出的。这一概念被定义为“既满足当代人的需求，又不损害后代人满足其需求的能力的发展模式”（世界环境与发展委员会，1987）。可持续发展主要包括环境、社会与经济等三个方面的内容，这三方面内容相辅相成，缺一不可。因此，可持续发展又被定义为“环境、经济以及社会文化目标三方面内容和谐与共的可持续的发展模式”（Mega Pedersen，1998）。在将可持续发展理念付诸实践的过程中，世界银行所给出的“世界银行多维发展模式”（World Bank，1997）是最为著名且获得广泛认可的发展模式与方法。世界银行可持续发展概念将社会财富划分为自然资源、生产资源、人力资本以及社会资本等四个部分。基于此，可持续发展就要求社会发展过程需要满足未来对自然、经济、人力以及社会资本的需求。传统的社会发展模式以及社会统计指标着重于研究当代社会发展，而可持续发展概念的提出，将研究与关注的重点转移到社会当前发展与未来发展之间的协调与平衡方面。因此，“可持续发展成了被广泛接受与认可的公平、高质的以及可持续的社会发展模式”（Eckersley，1998）。

随着社会发展模式的转变，相应的社会统计指标体系也发生了相应的变化，由过去单纯地关注当代社会发展的指标体系转变为更加全面的、协调的可持续发展的社会统计指标体系。

四、社会统计指标的应用

一些国家和国际组织在对社会统计指标及其体系进行理论研究的同时，也广泛将其付诸实施。在所实施的诸多种社会统计指标体系中，较为典型的一个指标体系是“欧洲社会统计指标体系”。这个指标体系是在德国生活质量指标体系的启发下产生的。20 世纪 90 年代，德国生活质量指标体系在理论构建和实际应用中已经比较成熟。1998 年曼海姆调查研究与方法中心的社会统计指标处接受欧盟委员会委托，与多个欧洲国家研究者协作，设计测量欧盟国家生活质量状况的指标体系，统计“欧盟社会报告和福利测量体系”下属项目“欧洲福利调查”的官方和非官方数据。社会统计指标处在参照德国生活质量指标体系的基础上，构建了在欧盟国家得以广泛应用的欧洲社会统计指标体系。该指标体系包括了“(1) 人口、(2) 家庭、(3) 住房、(4) 交通、(5) 休闲娱乐和文化、(6) 社会与政治的参与和整合、(7) 教育和职业培训、(8) 劳动力市场和工作条件、(9) 收入、(10) 生活水平和消费模式、(11) 健康、(12) 环境、(13) 社会安全、(14) 公共安全和犯罪等”14 个生活领域和总体生活状况的指标。该指标体系中每个生活领域都分成 7 个主要的福利范畴。7 个范畴包括客观生活条件的改进、主观幸福感（主观感知和评价）的增强、差异或不平等（机会平等性、地区差异、社会排斥、参与差异）的减少、社会凝聚和联系（社会关系质量、机构信任度）的增强、社会资本、人类资本的保护、自然资本的保护、社会结构（社会经济结构、价值和态度）等。每个生活领域根据实际情况包含了这 7 个范畴中 1～7 个不等的部分，每部分也根据实际情况分为数量不等的测量维度。欧洲社会统计指标体系结构性强、脉络清晰，且加入了对最新的生活质量理念的考察，比较全面地涵盖了生活质量各领域的内容，为测量欧盟国家乃至欧洲国家的生活质量提供了一套现实可用的工具（Berger-Schmitt Noll，2000）。作为指标体系的主要建构者，德国生活质量指标体系的研究者也逐步在超国家层面的生活质量比较研究中发挥了越来越重要的作用。

1996 年，柏林社会科学研究中心社会结构和社会报告研究部与曼海姆调查研究与方法中心的社会统计指标处联合发起倡议，决定建立一个逐步推进的、由下到上的欧洲福利调查。这是欧盟研究者们研究社会报告和生活质量的创新，目的是在一个可比较的视角下加强对欧洲生活条件及生活质量目前状况和变化的监测和系统分析。福利调查设置的指标体系即称为欧盟模式。欧盟模式的操作化接近德国生活质量研究模式。它的问卷包括核心部分和可选部分。核心部分集中于核心生活领域的基本状况和对其客观的评估，包括住房、家庭构成、社会关系、参与、生活标准、收入、健康、工作、教育、个人环境和安全等。可选部分特别注重社会质量问题，如社会冲突、人与人之间的信任、公共物品（自由、安全、社会公平）的获取程度、与不同欧洲国家相比自己国家的生活条件、社会聚合度预期等。另外，它还包括了一些个人评价问题，如多样的生活领域对福利的重要性、个人生活条件评估等。欧盟模式将生活质量的核心内涵与新兴概念提倡的理念相结合，构建了一套简明、完整的指标体系。它的理念是将整套指标体系在尽可能多的国家中应用，其组织形式类似于国际社会调查项目和其他国际项目的组织形式。

国际上在应用社会统计指标体系时，主要发挥了它的以下两个重要功能：

（一）监测与评价——社会统计指标的核心功能

定期对社会状况进行监测与评价是对社会统计指标体系迄今为止最为重要，并且最为成功的应用。社会报告评价是由德国社会学家沃尔夫冈·查普夫（Wolfgang Zapf）早期给出的定义发展而来。查普夫认为，社会报告定期、及时、系统地提供了与社会结构和发展进程相关的信息，这些信息关系到社会政策制定的前提及结果（Zapf，1977a：11）。从另一种角度来看，我们可以简单地把社会统计指标报告看作一种有组织、有规则的数据集合与展示，这样的数据集合可以用来评估人们的生活状况、社会福利及变化。因此，社会统计指标报告中包含了大量基于经验的自我反馈评估信息，这些信息不论是对单个社会还是对像欧盟这样的社会团体都有重要的意义。目前来看，社会统计指标报告在OECD、欧盟等国际组织已经得到很好的应用，甚至建立了数字化指标系统。这些数字化指标系统提供了社会发展监测的全部关键数据，能有效提高关键指标的利用率，有助于统一统计口径。

美国虽是社会统计指标运动的发源地，却没能建立它独有的公开出版的美国社会统计指标报告。尽管 *Towards a Social Report* 可以看作是美国社会统计指标报告的原型，但是美国并没有批准其为定期刊物（Booth，1992）。现在有几家非官方的出版物在为满足美国社会统计指标报告的需求而服务，常见的有 *Social Health of the Nation*（Marc Miringoff，Marque-Luisa Miringoff，1999）和 *Calvert-Henderson Quality of Life Indicators*（Henderson，Lickerman，Flynn，2000）。

社会统计指标报告除了可以显示一个社会的生活状态及生活质量，还包括很多具体的，有特定关注方面（比如家庭生活、健康状况、教育水平、贫困水平以及特定群体等）的报告，这些报告同样在很多国家定期出版。

总之，社会统计指标可使国家、城市及社区及早认识到社会发展中的积极面和消极面，引发公众对社会正面和负面变化的关注，引导社会不断朝正面积极发展，并促使社会政策制定者和社会公众及时消除社会的负面影响。社会统计指标既是对社会过程、社会调查研究成果的某种概括和总结，也为系统地、科学地进行社会调查提供了一定的指南和依据。

（二）社会政策制定的依据

回顾以往，社会统计指标研究的成功之处就在于它给社会政策制定者提供了基于技术分析及专业知识的政策启迪。社会政策制定者可以使用社会统计指标及社会统计指标报告来建立社会管理的目标、选择优先发展的指标、评估政策项目效果、开发预警系统等。根据布朗和科比特的研究结果（Brown，Corbett），使用社会统计指标制定的社会基本政策表现卓越，具体表现为具有监测性、导向性、依据性等特点（Brown，Corbett，1997）。而且，社会统计指标体系的研究把社会福利问题提上了政治日程，这就为公众、媒体以及管理层提供了话题素材（MacRae，1985）。

同时，社会统计指标体系预警系统的建立将通过真实反映社会群体面临的社会问题，确立改善他们状况的重点所在，为相关政策的制定提供可靠的依据并及时评价政策所取得的效果，从而能有效提高人们生活水平和改善他们的生存状态。

五、社会统计指标研究的最新趋势

在过去的30多年里，对社会统计指标领域理论研究的关注和实践活动经历了循环周期的上升期和衰退期。很明显，在20世纪90年代以后该领域的研究和报告活动大量增加。丹麦籍的世界著名社会福利学家埃斯平-安德森（Esping-Andersen，2000）认为，这种现象部分是因为伴随着联合国、经合组织和世界银行时代而出现的对指标种类和监督方法的不满，部分也是由于最近几年人们意识到社会福利领域发生了很大的变化。对社会统计指标兴趣的增加还可能是由于社会发展新目标的出现、全球化和国际化的进程等因素。

社会统计指标的发展具有以下几个最明显的新趋势：

（一）研究方法不断成熟和数据库建设不断完善

社会统计指标的研究一旦考虑了方法问题，最显著的发展必然是更复杂的数据分析方法的产生和应用。互联网的出现为现有生活水平和生活质量情况下的信息描述和普及提供了新的技术和手段。另外，与社会统计指标研究的早期相比，适当的数据库的可用性也得到了极大的改善。在当今社会，许多国家的社会调查都在定期进行。美国著名社会学家埃兹拉·沃格尔（Ezra F Vogel，1997）认为，这种定期调查满足了定期、综合调查和社会统计指标同步测量的需要。许多定期重复的调查形成的数据库能用来对社会发展进行连续监测和分析。

（二）掀起社区指标运动和关注城市生活质量

近年来，有关社会统计指标和生活质量的研究大量应用于社区和城市里，使得城市指标和生活质量问题在学术研究中得到了越来越多的关注。多样的社区指标和生活质量项目的成果主要用在了社会报告活动中，也反映在了会议和科学出版物中的学术讨论中。

（三）关注特定人群的生活质量

自从开展社会指标运动以来，很多关于生活质量的研究和社会报告活动主要集中于诸如妇女、移民、年轻人等这样一些社会中的特定人群。最近，儿童和老年人这两种特定人群在研究和报告活动中则得到了特别的关注。

儿童的生活质量研究在社会统计指标和生活质量研究的早期阶段很大程度上被忽略了。但是，现在它是许多研究和报告活动的焦点。由于儿童的生活质量的信息从一般的人口调查中很难获得，最近几年特定的儿童调查已经在一些国家开展。同时受老龄化趋势的影响，关于老年人生活质量的研究和报告活动也快速增加。由于出生率的下降和预期寿命的增长，老年人在人口结构中的比例快速增长，未来几年还将继续增长。特别关注老年人也反映了越来越多的人将在生命周期中的老年阶段度过更长时间这一事实。因此，在未来几年对老年人生活质量的关注很有可能会继续增加。

（四）推出可持续发展和社会凝聚力指标

随着可持续发展和社会凝聚力概念的广泛普及，在社会指标运动中产生了众多旨在能够测量这些概念的统计指标。同时，研究能够衡量社会外延和内涵的概念性的讨论和大量的努力都与这些活动紧密相关（Atkinson，2002）。由于这两个概念、生活质量和社会统计指标研究的衡量方法有大量重叠，许多研究成果参考了现有可用的知识和经验并从中获益。另一方面，在这些研究中也产生了许多关于发展持续性和社会凝聚力的衡量工具和指标，这些成果挑战了传统观点，创造了新的思想并对生活质量和社会统计指标研究起到了推动作用。这些概念的普及和要有合适的衡量工具的需求引起了政策制定者对构建和使用社会统计指标的兴趣。在未来的研究和实践中，将会出现包括生活质量、发展持续性和社会凝聚力在内的越来越综合的统计指标。

（五）越来越倾向采用综合性指标

把众多的社会指标综合成一个或至少有限个简明的合成指标的需求和讨论由来已久。近年来，人们对构建社会综合指标的兴趣又开始增长。而且，一些研究者希望这一问题能在未来的研究议程中得到重视，“随着现存社会数据的极大丰富，与二三十年前相比，如今新一代的研究者重新回到了概括性综合指标构建的任务中”（Land，2000）。另一方面，有关是否适合使用综合指标来描述、监测和评价社会问题仍存在争议。许多关于构建和使用社会综合指标的方法论问题还未得到充分解决，例如社会指标各组成部分的识别、合成算法、权重问题等。因此，这一领域的问题还需进一步探讨。

（六）越来越注重可比性分析

与研究社会其他领域的问题一样，在社会统计指标的研究中，不同社会之间的可比性分析也非常重要。这主要是由于持续的全球化进程和全世界经济政治的融合，客观上要求有关国际组织对不同国家或地区之间的社会发展状况做出具有可比性的分析与评价。最近几年，可比的监测和报道活动的数据来源得到了极大改善，例如建立了国际社会调查项目、欧洲社会调查等制度。这些调查在很大程度上满足了在社会统计指标和生活质量研究领域进行协调的国际调查的需求（Vogel，1997）。

（七）社会政策制定方面的指标得到大量应用

有证据表明，社会统计指标和其他指标越来越多地被用来当作社会政策制定的工具。多数研究者期望，社会统计指标体系能够在监测社会发展状况的同时把握未来发展趋势，进而科学客观地指引国家制定社会各项方针政策，实施各项福利措施等。因此，作为社会政策指导的关键因素，社会统计指标体系应当具有更强的政策指导意义。

六、结论

社会统计指标的产生与社会发展目标密切相关，这不仅反映了社会结构和价值的变化，也反映了社会从工业化社会向后工业化社会过渡的需求。社会统计指标的研究不仅引起了社会学家和统计学家的关注，也引起了心理学家、经济学家、政策制定者等的广泛关注。

在过去的几十年里，社会统计指标体系研究不仅显著地改善了衡量人们生活质量的方法，也改善了综合监测社会发展状况和变化趋势的手段。当前，世界各国以及国际组织都十分注重建立在社会统计指标研究基础上的社会报告的发布，相应的监测报告也在逐步完善。社会统计指标和社会报告作为描述性的社会发展监测工具已经得到普遍认可，但是它们在确定社会发展目标、选择并评价社会政策等更多更深远领域的应用，仍然存在着许多亟待解决的问题。

社会统计指标研究的最新趋势包括了对更为复杂方法和更为完善数据的使用。这些都能促进社会统计指标由单纯的描述性指标向进一步洞察社会现象本质的探索性指标转变。同时更加注重国家、国际相关社会统计指标的对比分析，更加关注儿童和老年人的生存状况，这些都是社会统计指标体系研究有待发展和完善的基本方向与内容。因此，在对我国社会统计指标的研究过程中，我们应当努力将我国的社会统计指标体系构建成为一套符合时代特点，有利于国际比较，客观、公正、全面、准确地反映我国社会发展状况与趋势的综合性指标体系。

第二节　国际组织一些常用社会统计指标（体系）

社会统计指标的研究经过长期发展，已经取得显著的成就。这集中表现在国际上产生了一批较有影响的社会统计指标和指标体系。本书选取了人类发展指数（联合国）、多维贫困指数（联合国）、社会进步指数（国际社会福利理事会）、物质生活质量指数（美国海外开发委员会）、可持续发展指标体系（世界银行）、幸福指数（世界经合组织）六个指标体系作为国际组织的代表性研究成果进行阐述分析，并对其做出适当的评价。

一、人类发展指数 HDI（联合国）

（一）HDI 产生的背景

人类发展指数（Human Development Index，HDI）是由联合国开发计

划署在其《1990 年人类发展报告》(*Human Development Report 1990*，HDR) 中首次提出的。HDR 是一份由一些著名经济学家组成的专家组共同制定，主要讨论人类发展的定义与测量、经济增长与人的发展的关系，以及 20 世纪 90 年代人的发展战略等问题的报告。该报告认为，20 世纪 90 年代主要是人类发展的时代，为此提出了测量人类发展的一个综合指标，即人类发展指数（HDI）。联合国开发计划署自发布了第一份人类发展报告始，随后每年一次连续发布了多期人类发展报告。在 2015 年 12 月 14 日发布的最新一期《2015 年人类发展报告》中，挪威继 2013 年后，2014 年再次排名第一。我国 2014 年排在第 90 位，属中等水平。值得一提的是，我国的人类发展指数的世界排名由 2012 年的第 101 位上升到 2014 年的第 90 位，两年间上升了 11 位。可见，近两年我国在人类发展方面取得了可喜的进步。

人类发展指数作为综合评价指标，是对传统的 GNP [1]（或 GDP）指标挑战的结果。尽管从不同时间和不同国家发展水平的比较来看，GDP 仍然是最广泛使用的指标之一，但其由于本身的缺陷而常常遭到人们的质疑。越来越多的学者认为，发展水平不应仅仅按照生产指标或收入指标来评价，而必须考虑社会统计指标和人的福利标准，HDI 就是在这种背景下产生的。

（二）HDI 的构成指标及其计算

《1990 年人类发展报告》中指出："人的发展是扩大人民各种选择的一个过程。这些选择原则上可以是无限的，并随时间而变化。但在所有发展水平上，对人们来说都有三个基本的选择，这就是长寿与健康，获得知识以及为提高生活水平而需要的资源。" HDI 选择了"健康长寿"、"知识"和"体面的生活水平"三个维度来衡量各国或地区的人类发展状况，指数的具体构成如图 3-1 所示。

由图 3-1 我们可以发现，该指标体系由三个维度四个指标构成。分别用"出生时的预期寿命"来表达"健康长寿"维度；用"平均受教育年限"和"预期受教育年限"共同反映"知识维度"；用人均 GNI 来表达"体面的生活水平维度"；然后在此基础上经过合成得出人类发展指数（HDI）。下面以 2011 年为例介绍 HDI 的计算过程。

---

[1] 自联合国等国际组织编写的《SNA1993》始，就将 GNP（国民生产总值）改称为 GNI（国民总收入），并明确指出它是一个反映一个国家或地区初次收入分配结果的指标，从而改用 GDP（国内生产总值）反映各国的经济发展水平。

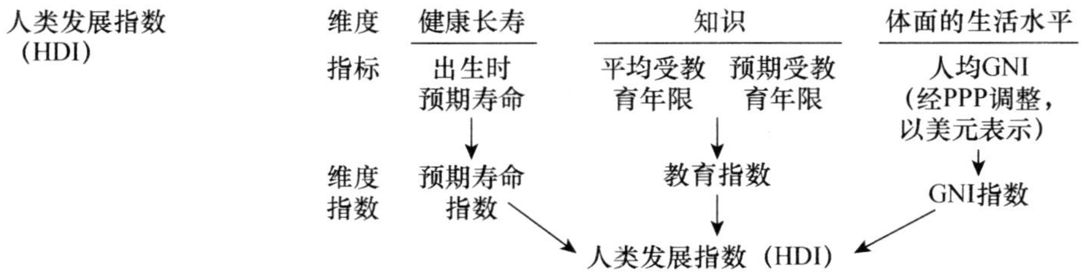

图 3-1　人类发展指数计算流程

第一步：建立维度指数。通过设定最小值和最大值来界定数据的范围，以便将指标转变为从 0 到 1 的数值。最大值是 1980—2011 年期间观察到的指标的最大值，最小值可被视为最低生活标准的合适的数值。最小值被定为：预期寿命为 20 年，平均受教育年限和预期受教育年限均为零年，人均国民总收入为 100 美元。由于接近收入最小值的经济体中存在相当数量的不可测量的基本生存标准和非市场生产，而这些在官方数据里未得到体现，因此该最低收入值具有一定的合理性。各项指标的最大值和最小值如表 3-1 所示。

表 3-1　　2011 年 HDI 中各项指标的最大值和最小值

指标	观察到的最大值	最小值
出生时预期寿命（岁）	83.4（日本，2011 年）	20.0
平均受教育年限（年）	13.1（捷克共和国，2005 年）	0
预期受教育年限（年）	18.0（上限）	0
综合教育指数	0.978（新西兰，2010 年）	0
人均收入（经 PPP 调整，美元）	107.721（卡塔尔，2011 年）	100

定义了最小值和最大值之后，按如下公式计算次级指标：

$$\text{维度指数}=\frac{\text{实际值}-\text{最小值}}{\text{最大值}-\text{最小值}} \tag{3.1}$$

对教育维度而言，首先将公式（3.1）应用于两个次级教育指标，分别得出指数并计算其几何平均数，之后，再将该几何平均数重新代入公式（3.1）计算，使用 0 作为最小值，使用在观察期内的上述指数的最大几何平均数作为最大值。这与直接将公式（3.1）应用于两个次级指标的几何平均数是等价的。

由于每个维度指数代表了相应维度的能力，从收入到能力的转换函数可能是凹函数。因此，对于收入维度我们将实际最小值和最大值的自然对数作为计算用的最小值和最大值。

第二步：用三个维度指数的几何平均数将次级指数合成人类发展指数（HDI）：

$$HDI=\sqrt[3]{I_{寿命}\times I_{教育}\times I_{收入}} \tag{3.2}$$

下面我们以越南为例，计算 2011 年越南人类社会发展指数。

表 3-2　越南 2011 年 HDI 中各项指标的实际值

指标	观察到的实际值
出生时预期寿命（岁）	75.2
平均受教育年限（年）	5.5
预期受教育年限（年）	10.4
人均收入（经 PPP 调整，美元）	2 805

$$I_{寿命}=预期寿命指数=\frac{75.2-20.0}{83.4-20.0}=0.871$$

$$平均受教育年限指数=\frac{5.5-0}{13.1-0}=0.420$$

$$预期受教育年限指数=\frac{10.4-0}{18.0-0}=0.577$$

$$I_{教育}=教育指数=\frac{\sqrt{0.420\times 0.577}-0}{0.978-0}=0.503$$

$$I_{收入}=收入指数=\frac{\ln(2\,805)-\ln(100)}{\ln(107\,721)-\ln(100)}=0.478$$

$$HDI=\sqrt{0.871\times 0.503\times 0.478}=0.594$$

（三）HDI 的优缺点

HDI 是从社会、经济和教育等三个方面来综合反映社会进步的一种方法，它强调了可持续发展与公平、社会公正以及高质量生活之间存在着的重大关联，能够较完整地反映出各国人民的生活现状。HDI 作为社会评价指数的一个创新，有其自身的优点。主要表现在：首先，HDI 的数据较易获取，计算较容易，比较方法简单。其次，HDI 的计算方法及计算结果适用于世界各类国家，不受经济水平、地理位置等的限制，其计算结果可以相互比较并进行排名。再次，它从测度人类发展水平入手反映一个社会的进步程度，并不拘泥于经济实力，为人们评价社会发展提供了新的研究思路。最后，HDI 从动态上对人类发展状况进行反映，揭示了一个国家的优先发展项，为世界各国尤其是发展中国家制定发展政策提供了一定依据，有助于挖掘一国经济发展的潜力。通过分析人类发展指数，可以发现社会发展中的薄弱环节，为经济与社会发展提供预警。

但是，人们在对这一指标做出上述肯定的同时，也对它的适用性及计算等问题提出了各种质疑和批评的意见。主要包括：首先，HDI 仅选择预期寿命、平均教育年限、预期受教育年限和实际人均 GNI 四个指标来评价一个国家的发展水平，而这四个指标只与健康、教育和生活水平有关，用这三个方面说明一个国家人的发展水平是否全面？人类发展是社会发展的综合体现，除上述三个方面外，社会其他方面的发展也与人的发展密切相关，如环保、娱乐等。因此，仅用四个指标反映一个国家人们的发展水平是不够全面的。其次，在计算方法上，HDI 也存在一些技术问题。例如 HDI 值的大小易受极大值和极小值的影响。因为，HDI 是采用将实际值与理想值和最小值相联系起来的方式来评价相对发展水平的，所以，当理想值或最小值发生变化时，即使一个国家的四个指标值都不变，其 HDI 值也可能发生变化，而这种变化与该国的发展水平并没有关系。最后，HDI 在计算处理上采用简单的几何平均方法，未对其进行加权。HDI 视健康、教育和经济三个方面贡献度相同，这也缺乏理论依据。

二、多维贫困指数 MPI（联合国）

（一）多维贫困指数产生背景

多维贫困指数（Multidimensional Poverty Index，MPI）是由联合国与牛津贫困和人类发展研究中心共同提出的，是为了精确定义贫困、评价贫困而建立的指标体系。该体系采用“三维＋10 个指标”的方法衡量贫困水平。三维分别是健康、教育和生活条件。10 个指标包括营养、儿童死亡率、入学年限、儿童入学率、烹饪燃料、卫生间、水、电、地板以及资产等，从多层面生动反映贫困人群所面临的挑战（见图 3-2）。

对于贫困的确切定义以及贫困水平的精准衡量是各国长期以来都面临的一个难题。目前，较为常用的国际标准是由世界银行划分的一条“贫困线”，即家庭人均生活费每天不足 1.25 美元便属于贫困。然而，这一方法有着明显的缺陷，因为它仅仅依赖于货币收入，并未考虑到住房、安全用水等其他因素。此次推出的“多维贫穷指数”则如同一个“高分辨率透镜”，能够更全面地描述贫困，为世界人民展示一个更完整的全球贫困现状图。

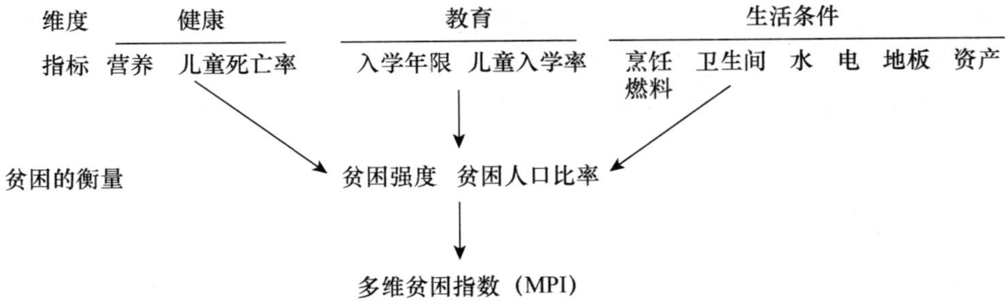

图 3-2　多维贫困指数计算流程

（二）多维贫困指数的合成方法

根据每个人的家庭在 10 个指标中每一个指标上的剥夺程度（d）赋予其一个剥夺分数。最高分数是 100，每个维度权重相同（因此每个维度的最高分数是 33.3%）。教育和健康维度各有 2 个指标，所以下面每个成分指标的最高分数是 5/3（或 16.7%）。生活水平维度有 6 个指标，每个指标最大值为 5/9（或 5.6%）。所选取的指标分别如下：

- 教育：没有完成五年学校教育的家庭成员；至少一名未上学学龄儿童（最高应读八年级）。
- 健康：至少一名家庭成员营养不良；有一个或多个孩子夭折。
- 生活水平：没有电力供应、不能获取清洁饮用水、没有足够的卫生条件、使用“不洁净”的燃料（粪便、柴或木炭）做饭、住宅是泥土地面、没有汽车、卡车或类似的机动交通工具，并且最多拥有以下资产中的一项：自行车、摩托车、收音机、冰箱、电话或电视。

为识别多维贫困，每个家庭的剥夺得分加总得到家庭剥夺分数（c）。区分贫困和非贫困的截点值是 33.3%，这正是加权指标数量的 1/3。如果 c 大于等于 33.3%，该家庭（及其成员）属于多维贫困。剥夺分数等于或大于 20.0%但小于 33.3%的家庭易于沦为或有沦为多维贫困的风险。剥夺分数等于或大于 50.0%的家庭属于严重多维贫困。

MPI 的数值通过两个指标计算：多维贫困人口比率（H）和贫困强度（A）。即

$$\mathrm{MPI}=H\times A \tag{3.3}$$

贫困人口比率 H 是多维贫困人口所占比例：

$$H=\frac{q}{n} \tag{3.4}$$

式中，q 代表多维贫困的人口数量；n 代表总人口。

贫困强度 A，反映了贫困人口平均剥夺数与加权成分指标个数的比例。仅就贫困家庭而言，剥夺分数按人口所占比例加权得到的指数：

$$A = \frac{\sum_{1}^{q} c}{q} \tag{3.5}$$

式中，c 代表贫困人口经历的剥夺分数。

下面假设一个由四个家庭构成的整体，对其计算家庭 1 的多维贫困指数，各指标数据如表 3-3 所示：

表 3-3　　MPI 中各指标名称及数值举例

指标	家庭				权重
	1	2	3	4	
家庭规模（人）	4	7	5	4	
教育					
（1）没有完成五年学校教育的家庭成员	0	1	0	1	5/3 或 16.7%
（2）至少一名未上学学龄儿童	0	1	0	0	5/3 或 16.7%
健康					
（1）至少一名家庭成员营养不良	0	0	1	0	5/3 或 16.7%
（2）有一个或多个孩子夭折	1	1	0	1	5/3 或 16.7%
生活水平					
（1）无电力供应	0	1	1	1	5/9 或 5.6%
（2）无清洁饮用水	0	0	1	0	5/9 或 5.6%
（3）没有足够的卫生条件	0	1	1	0	5/9 或 5.6%
（4）用“不洁净”燃料（粪便、柴或木炭）做饭	0	0	0	0	5/9 或 5.6%
（5）住宅是泥土地面	1	1	1	1	5/9 或 5.6%
（6）没有汽车、卡车或类似的机动交通工具，并最多拥有以下资产中的一项：自行车、摩托车、收音机、冰箱、电话或电视	0	1	0	1	5/9 或 5.6%
结果					
家庭剥夺分数 c（%）	22.2	72.2	38.9	50.5	
家庭贫穷吗？	不	是	是	是	

注：该表中 1 表示剥夺，0 表示不剥夺。

家庭 1 的加权剥夺数：

$$1\times\frac{5}{3}+1\times\frac{5}{9}=2.22$$

剥夺分数：2.22/10＝0.222 或 22.2%。

其余 3 个家庭的加权剥夺分数均按家庭 1 剥夺分数的计算方法分别计算得出。

贫困人口比率：$H=\frac{7+5+4}{4+7+5+4}=0.800$

这一数据表明，在这个所研究的总体中有 80%的人口生活在贫困家庭。

贫困强度：$H=\frac{(7\times7.22/10)+(5\times3.89/10)+(4\times5.00/10)}{4+7+5+4}=0.5625$

这一数据表明，在这个所研究的总体中一般贫困人口 56.25%的加权指标都显示被剥夺。

最后得出多维贫困指数：$\text{MPI}=H\times A=0.450$

计算结果表明，这个研究总体的 MPI 为 45.0%，在 33.3%～50.0%之间，属于多维贫困范围，但未达到严重多维贫困水平。

三、社会进步指数 ISP（国际社会福利理事会）

（一）社会进步指数产生的背景

社会进步指数（Index of Social Progress，ISP）是由国际社会福利理事会邀请埃斯特恩教授制定的社会统计指标体系。该指标体系是社会统计指标运动以来，试图寻求社会发展综合评价指数的又一尝试。它将众多的社会经济指标浓缩成一个综合指数，旨在用于综合评价一个国家社会各方面的进步状况，以此作为评价社会发展的尺度。

（二）社会进步指数的构成指标

社会进步指标体系涉及十个有关的社会经济领域，共包括 36 项指标。这十个领域分别是：教育、健康状况、妇女地位、国防、经济、人口、地理、政治参与、文化、福利成就。

（三）社会进步指数的计算

未加权社会进步指数（ISP），实际上是将每个指标的权数看作 1，假定各指标在描述国家的发展水平方面具有同等的重要性。

1. 计算各指标的均值和标准差

$$M_i = \frac{\sum_{j=1}^{n} X_{ij}}{n} \tag{3.6}$$

$$SD_i = \sqrt{\frac{\sum_{j=1}^{n} (X_{ij} - M_i)^2}{n}} \tag{3.7}$$

式中，X_{ij} 代表第 j 个国家、第 i 项指标的实际值；n 代表国家的个数；M_i 代表 n 个国家第 i 项指标的均值；SD_i 代表 n 个国家第 i 项指标的标准差。

2. 将各指标标准化

将各指标标准化的目的在于消除不同测量单位的影响。转化公式为：

$$Z_{ij} = \frac{X_{ij} - M_i}{SD_i} \tag{3.8}$$

转化后的标准化值 Z_{ij} 形成了一个新的变量，均值为 0，标准差为 1。假定 Z_{ij} 服从正态分布，它反映了一个国家某项指标沿正态曲线水平线的相对位置，即以均值 0 为中心，以标准差为单位的相对位置。

下面，以某个国家 2014 年健康指标为例，说明 Z 值的计算过程（见表 3-4）。

表 3-4　　某国家 2014 年健康指标 Z 值计算表

指　标	指标值 X_{ij}	各国均值 M_i	标准差 SD_i	Z 值
婴儿死亡率（每千名婴儿）	38.0	71.6	51.1	−0.655
每名医生负担的人口数（千人）	1.7	8.5	13.0	−0.524
男性 1 岁的预期寿命	65.0	58.8	10.8	0.578
每日卡路里供给量占需要量的百分比	109.0	110.58	19.7	−0.092

3. 调整指标的方向

各指标对社会进步的影响方向不同。其中，正指标的数值越大，表明社会在这一领域越是进步的，用“＋”号表示；逆指标的数值越小，表明社会在该领域越是进步的，用“－”号表示。为使社会进步指数能够准确反映社会的进步程度，需调整指标的方向，即将逆指标的标准化值 Z 乘以－1，从而使其数值的变化与社会进步的方向一致。例如表 3-3 中的每千名婴儿死亡率调整为：$-0.655\times(-1)=0.655$。这一做法只改变了指标的数学符号，而未改变其数值。

4. 计算各子领域的得分值

首先，按上述第三步提出的方法改变所有逆指标的数学符号。然后加总各子领域所属指标的 Z 值，再除以相应的指标个数。例如，根据表 3-3 中数据计算的健康子领域指数得分为：

$$Z_{健康}=\frac{0.665+0.524+0.578+(-0.092)}{4}=0.419$$

由此计算出的 Z 值很小，不便于处理。并且据此计算的结果中有一部分国家的 Z 值为负，也不便于理解或解释。因此需做进一步的数学处理。即将各个子领域算出的 Z 值乘以 10，再加上 10。例如，根据此种处理方法，上述的指数值为：

$$Z_{健康}=0.419\times10+10=14.19$$

这一做法加大了各子领域的 Z 值，便于处理，也可使 Z 值为负的一部分国家变为正值，从而增加可解释性。

5. 计算社会进步综合指数值

对于未加权社会进步指数（ISP）值的计算，只要将第四步求得的子领域指数相加即可。其计算公式为：

$$\mathrm{ISP}=\sum_{k=1}^{M}sub_k \tag{3.9}$$

式中，sub_k 代表第 k 个子领域的指数值。

（四）社会进步指数的优缺点

社会进步指数是评价社会发展状况的一个有效工具。它不仅可以用于世界范围内不同国家、不同地区间社会发展状况的比较，也可用于一个国家内部不同地区间社会发展水平的横向比较，还可用于一个国家不同时期发展水平的动态比较。同时，社会进步指数的计算在社会经济领域及指标的选择上也比较广泛，因而能在一定程度上完全反映一个国家的社会进步状况。

即便如此，该指数仍然存在其局限性。首先，在发展领域及指标的选择上，未做出详细的理论说明。为什么选择这些领域作为评价社会进步的依据？这些领域是否包括了社会发展的所有方面？这些领域及相应的指标是否适用于对所有国家社会发展水平的比较等等。其次，在各个子领域指标的选择上也极不平衡。比如，国防子领域仅选择了军费支出占 GNP（目前应当为

GDP）比重一个指标，而人口子领域则选择了5个指标，这势必影响计算结果的准确性。再次，在子领域和指标的选择上，仍然未包括一些重要的社会发展领域。比如，缺乏反映社会秩序和安全、闲暇时间以及财富分配的指标等。最后，所选择的这些领域及相应的指标，并不适用于反映所有国家的社会进步状况，这势必影响比较的准确性。

四、可持续发展指标体系（世界银行）

（一）可持续发展指标体系产生的背景

1995年9月17日，世界银行公布了一项衡量国家（地区）财富的新标准，引起了人们的广泛重视。这项新标准，是将一个国家的经济产出减去机器折旧和自然资源的消耗，计算该国家的财产净值，然后再将财产净值折成美元，计算人均财富，比较经济实力。世界银行推出的这种新的财富衡量标准，是把经济、社会和环境因素融为一体，综合计算国家财富，以取代传统的只以收入论穷富的老方法，这无论从对财富的内容评估上，还是对财富计算的方法上都发生了重大变化。

国家财富是表明一个国家或地区富有程度的代名词，是衡量一国（地区）经济实力的重要综合指标。过去，国际社会常用“国民财富”或“国民收入”作为衡量一国（地区）整体实力的统计指标。后来，国民核算体系中改用国内生产总值（GDP）代表一国（地区）的经济规模，用人均GDP代表一国（地区）的经济水平（或收入水平）。国家经济实力强弱，一般取决于两者的综合水准。近年来，适应世界经济形势发展需要，国际比较方法在不断革新。实践表明，单纯用国内生产总值或人均国内生产总值反映一国的经济规模或水平是不够的，从而，国际上陆续推出了一系列评估国家（地区）经济实力的统计方法。

（二）可持续发展指标体系的衡量方法

新的衡量国家财富的计算方法如下：

首先，将各国经济产出（一般用GDP表示）减去机器折旧和自然资源消耗求出实际资产价值。

其次，分别计算评估实际财富的价值。实际财富包括四个方面内容：

- 自然资本：包括土地、水、林木以及土地下面资产的经济价值，如石油、黄金和铁矿等；
- 生产资产：包括机器、工厂、基础设施、供水系统及道路等；
- 人力资源：包括以人为主体（如教育、营养、医疗等）所反映的价值；

● 社会资本：指以集体形式出现的家庭和社会之类的人员组织和机构生产的价值，虽然此项也是财富计算的内容之一，但目前尚未单独统计列出。

最后，将每个国家（地区）评估的财富，按时值美元折算，计算出各国的人均财富。

世界银行根据上述计算方法，使用1990年的基础数据，对世界几乎所有国家（192个）的财富进行了评估，计算出各国的人均财富值。结果显示，澳大利亚为世界首富，人均财富达83.5万美元；加拿大人均财富为70.4万美元，名列第二；而号称世界第一强国的美国，按新方法计算的人均财富仅为42.1万美元，仅仅排在第12位。中国人均财富价值仅为6 600美元，不足世界财富平均值的1/13，排在162位。

（三）可持续发展指标体系的优缺点

世界银行1995年所公布的衡量可持续发展状况的指标体系，大致具有以下两个方面的优点：

第一，将国家财富和可持续发展能力融为一体，为可持续发展归纳出更加合理的内涵，并将其分解为四个基本方面：自然资本（代表了生存与发展的基础）；生产资产（代表了可转换为市场需求的能力）；人力资源（代表了对于生产力发展的创造潜能）；社会资本（代表了国家和区域的组织能力和稳定程度）。与以前的指标相比，无论在理论上还是在应用上，都更加全面也更加合理。

第二，与人均GDP相比，新指标体系更加准确地估计了国家的真实财富和可持续发展能力，它是对于国际普遍采用的仅以“收入”为衡量指标的体系的重大补充，并且使得财富的概念突破了仅仅以货币、投资、贸易等为表征的传统范畴。

但是，与它的优点相对应，该指标体系也有以下两个需要改进的方面：

首先，新指标体系在衡量国家财富净值随时间变化的同时，忽略了不同国家的基础条件，即它们的不同发展阶段和不同的文化背景。发达国家在发展初期，疯狂掠夺自然资本，对全球造成的灾难性影响未能在指标体系中得到反映。

其次，新指标体系比较注重衡量时间过程的动态变化，但是对于地理空间的不均衡，却未得到较好的体现。

五、幸福指数（经合组织）

（一）OECD幸福指数产生的背景

2011年5月24日，经济合作与发展组织（OECD）在巴黎发布一项名为“幸福指数”的在线测试工具，普通民众可以就物质条件和生活质量等11个方面对个人的重要性和对自己国家在这方面的表现进行排序，然后得出的指数可以用来衡量民众对生活的满意度。目前发布的是经合组织 34 个成员方的幸福指数数据，以后将扩展到经合组织的伙伴国家，包括“金砖五国”和印度尼西亚等具有代表性的世界主要经济体。

OECD 幸福指数的发布是基于其十年来对于社会进步衡量的研究和探索。缘起是因为他们认为一些影响民众生活的因素在传统的 GDP 统计中没有得到反映，如安全、休闲、收入分配、环境清洁等。他们提出的核心问题是，人们的生活真的改善了吗？改善人们生活的要素有哪些？对于所有的人、所有国家和社会，社会进步是一样的含义吗？

（二）OECD 幸福指数体系的内容和结构

具体地说，OECD 幸福指数的结构分为三个部分：一是物质生活条件，也就是经济幸福，它决定了人们的消费能力和对资源的需求；二是生活质量，是一套非货币的特性，这些特性在不同的文化背景下体现为一定的内在价值，影响一个人的机会获得；三是经济、社会、自然系统的可持续性，依赖于人们当前对待自然资本、经济资本、人力资本和社会资本这些资源储备的行为，但由于缺乏衡量这些因素的指标，现在发布的幸福指数中并未包含这方面内容。OECD 的幸福指数分为 11 个一级指标和 25 个二级指标，一级指标包括：住房、收入、就业、社交、教育、环境、健康、市民参与和政府治理、个人安全、工作与生活平衡程度，以及生活满意度，每一个一级指标包含 2～3 个二级指标。

（三）OECD 幸福指数指标体系

1. 指标体系

OECD 幸福指数的指标体系如表 3-5 所示：

表 3-5　　OECD 幸福指数指标体系

类　别	序号	指　标	单　位
住房	1	人均住房间数	间
	2	住所没有卫生设施的人口比例	%
	3	住房支出占家庭可支配收入的比重	%
收入	4	家庭人均可支配收入	美元，PPPs
	5	家庭人均净金融资产	美元，PPPs
就业	6	就业率	%
	7	个人收入	美元
	8	工作安全率	%
	9	长期失业率	%

续表

类　别	序号	指　标	单　位
社交	10	可获得社交帮助的人口比例	%
教育	11	受教育程度	%
	12	受教育年限	年
	13	学生阅读能力指数	—
环境	14	对水质量的满意度	%
	15	可吸入颗粒物浓度	微克/立方米
市民参与和政府治理	16	选民投票率	%
	17	制度草案协商指数	—
健康	18	预期寿命	岁
	19	自我健康评价	%
生活满意	20	生活满意度	—
个人安全	21	故意杀人率	人
	22	遇袭率	%
工作与生活平衡	23	工作时间超长的员工比例	%
	24	妇女就业率	%
	25	休闲和个人护理时间	小时

2. 指标说明

- 人均住房间数：反映居住条件，计算公式为：住房总房屋间数/居住总人数。
- 住所没有卫生设施的人口比例：指居住在没有室内冲水厕所的住房中的人口占全部人口的比重。
- 住房支出占家庭可支配收入的比重：居民花费在房租、家电、水、气、电等住房支出占家庭可支配收入的比重。
- 家庭人均可支配收入：指在工资收入、财产收入、租金收入、社会保障收入等现金收入和政府向居民在教育、卫生等方面转移的实物社会转移收入的总收入中，扣除家庭缴纳的直接税收和社会保障款项后，可以用来自由支配的人均收入。
- 家庭人均净金融资产：指扣除金融负债后，家庭人均拥有的各类金融资产总额，包括现金、债券、股票等。
- 就业率：指就业人口占劳动年龄人口（在大多数 OECD 国家指 15～64 岁的人口）的比重。按照国际劳工组织的标准定义，就业人口是指年龄 15 岁及以上，在调查的前一周至少有酬工作一小时的人口。
- 个人收入：个人来自工资和其他货币收入的收入，它反映了工作的质量。
- 工作安全率：签订 6 个月以上工作合同的就业者占全部就业者的比重。

● 长期失业率：指已经失业1年及以上的劳动力人口占全部劳动力人口的比重。失业人口指目前没有就业，但有就业意愿并正在积极寻找就业机会的人口。

● 可获得社交帮助的人口比例：指如果遇到困难，有望获得亲戚、朋友、邻居等给予帮助的人口占全部人口的比重。该指标数据来自盖洛普世界民意调查，是一项主观指标。

● 受教育程度：指在中年人口（15～64岁人口）中，拥有正规的中学及以上学历的人口所占比例。学历按照OECD的国际教育标准（OECD－ISCED）分类进行定义。

● 受教育年限：平均接受学校教育的年限。

● 学生阅读能力指数：指在义务教育结束时，为达成某种目标或提升自身的知识和潜力，学生理解、运用、实践和研究书本知识的能力，衡量15岁左右的学生的平均阅读表现。该指标来自2009年OECD开展的国际学生评估项目（PISA）。

● 对水质量的满意度：指居民对饮用水质量的满意程度。该指标具体用对水质量满意的居民占全体居民的百分比来表示。

● 可吸入颗粒物浓度：指在常住人口10万人以上城市的空气中，可吸入颗粒物（直径10微米以下的颗粒物）的平均浓度。可吸入颗粒物包括飘浮在空气中的液态和固态颗粒物，比如硫酸盐、硝酸盐、元素碳、有机碳、钠、铵离子等。直径10微米以下的颗粒物可以吸入肺部深处，特别是直径2.5微米以下的颗粒物，对公众健康具有较大的危害性。

● 选民投票率：指参与选举投票的人口占全体选民的比重，反映国民参与国家重大选举活动的程度。选民一般是指年龄达到18周岁以上，在选民登记册中进行登记过的人口。选民和投票的数据来自各国的国家统计局和国家选举管理机构。

● 制度草案协商指数：是一个综合指数，包括法律法规和公共政策的起草与制定是否具有协商和征求意见的机制，是否具有能够表达建议的正规的协商和征求意见程序、协商和征求意见过程的公开度和透明度等各种因素。该指标数据来自2005年、2008年和2009年OECD法规管理系统的指标调查结果。

● 预期寿命：指在一定年龄组的死亡率水平下，该年龄组人群日后平均可能继续生存的年数。新出生人口或者不同年龄段人口的预期寿命都是可以计算的。

● 自我健康评价：指对自我健康评价为“好”和“非常好”的人口所占的比重。该指标来自OECD关于“你对自己健康总体如何评价?”的问卷调查结果，是一项主观指标。

● 生活满意度：衡量个人对生活满意程度的主观感觉。OECD 调查制度规定，个人对生活感到最满意的得 10 分，最不满意的得 0 分，受访者根据自己的总体感觉进行打分。每个国家的分值是全国所有受访者打分的平均值。该指标是一项主观指标。

● 故意杀人率：指每十万人口中，每年公安机关报告的被犯罪分子故意杀害的人员数量。该指标数据来自联合国禁毒和犯罪办公室。每个国家的基础数据由各国的司法部门、检察机关、内政部门，以及国际刑警组织、欧盟统计局、地区犯罪预防监测机构等负责收集。

● 遇袭率：指在过去的 12 个月中，曾经遭遇过犯罪分子袭击的受害者人数占全部受访者的比重。该指标数据来自盖洛普世界民意调查。

● 工作时间超长的员工比例：指平均每周工作时间超过 50 小时的员工所占的比重。工作时间超长员工数据不包括故意长时间工作的个体户。

● 妇女就业率：指养育有 6～14 岁子女的妇女的平均就业率。

● 休闲和个人护理时间（小时）：指平均每天花在休闲和个人护理的小时数。该指标数据来自国民生活时间调查。

（四）OECD 幸福指数的特点

OECD 幸福指数具有以下几个重要特点：

（1）该指数属于一个主观性的综合指标。它的优点在于能够较为全面地反映受访者的主观幸福感，但是由于受访个体受到受访时的状态以及对幸福的理解等内外部因素的干扰，调查结果的信度容易受到学术界的质疑。

（2）OECD 幸福指数的基本框架在具体的关注点方面较其他社会指标体系有了以下四个转变：一是关注人们的幸福，而不是 GDP、生产率和创新等经济指标；二是关注不平等，考察不同群体人们的幸福感，而不是所有人群的平均状况；三是关注幸福的产出，而不是幸福的投入，把幸福的成效作为考察指标；四是主客观兼顾，对人们幸福的考察内容既包含了客观的生活状况，也包含了个人对幸福主观感受的评价。

（五）OECD 幸福指数对我国的借鉴作用

首先，OECD 幸福指数所强调的以幸福为目标的发展观，对于我们全面建成小康社会，实现中华民族的伟大复兴梦具有重要的借鉴意义。世界范围内对于幸福的关注，代表着一种发展观念的回归。人们从过去那种只关心经济增长的迷途中走出来，将幸福作为人类的终极目标已经成为一种世界潮流。

其次，OECD 幸福指数的编制理念和方法为我们建立中国的幸福指数提供了借鉴。OECD 的幸福指数指标体系框架中包含了我们所说的民生问题，也包含了公共服务问题和可持续发展的问题，这些问题与《中共中央关于制定国民经济和社会发展第十三个五年规划的建议》中提出的“人民生活水平和质量普遍提高”、“国民素质和社会文明程度显著提高”等目标要求是一致的。

最后，用权威的、公众认可的幸福指数引导社会发展和公众舆论，有利于社会稳定和健康发展。近年来，各级政府都开始尝试建立关注民生的社会发展指标，全国推出的与幸福指数类似的指标体系已经有几十种。由于各级政府关注的问题有所不同，造成各级政府的幸福指数指标比较混乱，不一定能很好体现“十三五”规划所确定的核心指标的要求。因此，亟待由一个公众认可的、权威学术机构编制出能够体现大多数民众意愿的幸福指数，以评价、监测社会发展状况，以及政府管理社会的绩效，并引导全社会向着幸福、健康的方向发展。

六、欧洲社会统计指标体系（欧盟）

20 世纪 90 年代，德国生活质量指标体系在理论构建和实际应用中都已经比较成熟。在此基础上，1998 年曼海姆调查研究与方法中心的社会统计指标处受欧盟委员会委托，与多个欧洲国家研究者协作，设计测量欧盟国家生活质量状况的指标体系，统计“欧盟社会报告和福利测量体系”下属项目“欧洲福利调查”的官方和非官方数据。社会统计指标处在参照德国生活质量指标体系的基础上，构建了在欧盟国家得以广泛应用的欧洲社会统计指标体系。

欧洲社会统计指标体系分为生活水平、生活条件、生活水准和生活质量等四个层面，包括了人口、社会经济地位与主观阶级认同、劳动力市场和工作条件、收入和收入分配、消费和供应、交通、住房、健康、教育、政治参与、环境、公共安全和犯罪、休闲和媒体消费、全球福利措施等 14 个生活领域的指标。指标体系中每个生活领域分成了 7 个主要的福利范畴。7 个范畴包括客观生活条件的改进，主观幸福感（主观感知和评价）的增强，差异或不平等（机会平等性、地区差异、社会排斥、参与差异）的减少，社会凝聚和联系（社会关系质量、机构信任度）的增强，社会资本、人类资本的保护，自然资本的保护，社会结构（社会经济结构、价值和态度）等。在 185 个次级指标中，客观指标占 85.9%，主观指标占 14.1%。

欧洲社会统计指标体系结构性强、脉络清晰，并且加入了对最新生活质量理念的考察，比较全面地涵盖了生活质量各领域的内容，为测量欧盟国家乃至欧洲国家的生活质量提供了一套现实可行的工具。

欧盟模式结合了客观生活条件、主观幸福感和社会质量（感知到的）三个福利概念，其中感知到的社会质量是指人们对社会冲突、社会和政治权利、公共安全的评估。

第三节 世界一些主要国家社会统计指标体系研究现状及对我国的启示

本节选择了美国、日本和印度三个国家所建立的四个有关社会统计指标体系加以介绍。选择这三个国家的原因在于，由美国海外开发委员会和健康协会分别建立的物质生活质量指数和 ASHA 指数，是两个旨在测量世界贫穷国家和发展中国家社会发展状况的，在世界有一定影响力的指标体系，用这种指标体系来评价发展中国家的社会状况具有一定的合理性。日本作为亚洲的发达国家，在关注国民生活质量和社会发展方面正在不断地取得进步，其所建立的新国民生活指标体系对我们具有一定的借鉴意义。印度作为我国的邻国，其国情又与我国有许多相似之处，观测、研究印度如何统计评价国民生活状况，也有利于帮助我们更好地建立自己的社会统计指标体系。

一、物质生活质量指数 PQLI（美国海外开发委员会）

（一）物质生活质量指数产生的背景

物质生活质量指数（Physical Quality of Life Index，PQLI）是由美国海外开发委员会为测度物质福利水平而开发的一个综合指标，旨在测度世界最贫困国家在满足人们基本需要方面所取得的成就。该指数主要由婴儿死亡率、预期寿命和识字率等三个指标构成。

（二）PQLI 的计算过程

首先，将每个指标转化成指数形式。各指标的转化方法如下：

● 识字率：是指 15 岁及 15 岁以上人口中识字人口占 15 岁以上总人口的百分比。由于该指标本身就是一种指数形式，所以不必再做转化。

● 婴儿死亡率：是指婴儿出生后不满周岁死亡人数与出生人数的比率。一般以年度为计算单位，以千分比表示。指数转化公式为：

$$婴儿死亡率指数=\frac{229-每千名婴儿死亡数}{2.22} \tag{3.10}$$

● 1 岁的预期寿命。指一批人从 1 岁算起平均每人可存活的年数。指数的转化公式为：

$$1\text{岁的预期寿命指数}=\frac{1\text{岁的预期寿命}-38}{0.39} \tag{3.11}$$

然后，将上述转化后的三个指数，采用简单算数平均的方法求得平均值，即 PQLI 值。计算公式如下：

$$PQLI=\frac{\text{识字率指数}+\text{婴儿死亡率指数}+1\text{岁预期寿命指数}}{3} \tag{3.12}$$

（三）PQLI 的优缺点

PQLI 的主要用途是测度一个国家在满足其人民基本需要方面所取得的成就。除此之外，它还有许多潜在的用途。比如，该指数可以作为一个国家确定其发展战略目标以及监测朝着这个目标的进步状况的有效工具。同时 PQLI 还具有计算简单、易于理解、方便比较等优点。

但 PQLI 也有其内在的局限性。具体表现在以下几个方面：首先，在指标的选择上，过于侧重社会统计指标，而忽略了经济指标，因而该指数不能反映出一个国家经济发展状况对物质生活质量的作用程度。其次，它不能反映出一个国家的全部社会福利状况。由于福利的内容广泛，而该指标体系只包含三个指标，所以很难做到全面准确地反映一个国家社会发展的整体状况。最后，在计算方法上采用简单平均，将每个指标对发展的作用视为相同，这也缺乏一定的理论依据。

二、ASHA 指数模型（美国社会健康协会）

ASHA 是由美国社会健康协会（American Social Health Association）创立的一个综合评价指标，主要用来反映一国，尤其是发展中国家的社会经济发展水平，以及在满足人民基本需要方面所取得的成就。ASHA 指数由就业率、识字率、平均预期寿命、人均 GNP（目前应当为 GDP——作者注）增长率、人口出生率、婴儿死亡率六个指标组成，目标值分别为 85%、85%、70 岁、3.5%、25‰、50‰。ASHA 指数的计算公式为：

$$ASHA\text{指数}=\frac{\text{就业率}\times\text{识字率}\times\text{预期寿命指数}\times\text{人均 GNP 增长率}}{\text{人口出生率}\times\text{人口死亡率}} \tag{3.13}$$

ASHA 最优值为 20.23。

三、日本新国民生活指标体系的内容及启示

（一）日本新国民生活指标体系的内容

日本的新国民生活指标体系是由反映生活本身的“活动领域类指标”和影响居民生活变化的“社会影响指标”两部分构成，并按不同情况分别计算综合而成的指标。

1. 活动领域类指标

活动领域类指标旨在反映居民生活本身。该类指标把居民活动划分为“居住”、“消费”、“工作”、“教育”、“医疗”、“娱乐”、“学习”、“交际”等8个领域，每个领域确定相应的构成要素，不同要素又按着“安全与安心”、“公正”、“自由”、“舒适”四个不同的需求层次设置选择指标共153个。其中各领域构成要素及主要指标分布见表3-6。需要说明的是，在表3-6的153项指标中，存在“离婚率”、“工作转换率”、“不足病床数与总病床数比率”等三项重复指标，即这三项指标用不同的评价标准分别进行评价。如“离婚率”指标从“安全与安心”角度讲家庭的解体是不利的，应当作为逆指标进行不利评价；但从“自由”的角度看，解除那种失去感情的夫妻关系，使其能够自由地进行重新选择配偶却又是一种社会进步，应该作为正指标做有利评价。“工作转换率”指标亦如此，对中老年阶层来说，若企业倒闭，为寻求出路不得已转换工作场所，从“安全与安心”角度看，作为逆指标做不利评价，但对青年人来讲，寻找更能发挥自身特长的职业而转换工作单位、扩大就业选择的余地，从“自由”角度看应该作为正指标做有利评价。

表3-6 活动领域构成要素指标分布表（简表）

领域要素＼标准		安全与安心	公正	自由	舒适
居住	住宅	□最低居住水平以上家庭比 Δ住宅贷款偿还比率 □个人拥有住房比率	Δ拥有住房的收入占年收入的比率		□日照时间5小时以上住宅比率 □平均每人住房面积
	居住环境	□交通事故发生件数（人口比） □垃圾、卫生处理率			Δ平均每个城市公园面积 □下水道普及率

续表

领域要素＼标准		安全与安心	公正	自由	舒适
消费	收入	Δ家庭全年收入 ☆平均每人经济收入	□生活救济家庭/总家庭数		
	支出	□消费物价上涨率	□消费物价地域差指数	□服务支出的比例	□耐用消费品支出比例
	资产	□储蓄占全年收入比重 Δ个人破产件数		Δ信用卡发行枚数（人口比）	
工作	工资时间	□实际工资	Δ企业之间工资比率 Δ男女之间工资差距	Δ年度工资不变的休假日数	Δ实行5天工作制的劳动者比例
	就业机会	□失业率 □工作调动率	□残疾人比率（就业人口）	□工作调动率	
	工作环境	Δ职业病发生率 Δ过劳死件数			Δ平均每人办公面积
教育	客体①	Δ校内暴力件数 □初中学生长期缺席率（病假除外）		□高中升学率	
	支出	教育费支出占家庭消费支出率		公立学校平均每人教育支出	
	设施环境	□初中平均每个班级的学生数	□平均每10万人儿童福利设施数	□私立中学的比率	□每100万人青少年教育设施数
医疗	主体	Δ痴呆型老人发生率 □有病率			Δ在家里生活的老人比率
	支出	□保健医疗费占家庭消费支出的比率			
	环境设施	□综合医院数（人口比） □护士人数（人口比）	Δ不足病床数/总病床数	不足病床数/总病床数	平均每10万65岁以上人口拥有疗养院工作人员数

续表

领域要素＼标准		安全与安心	公正	自由	舒适
娱乐	时间	Δ夏季连续休假日数			☆平均每周娱乐时间（男女平均）
	支出		Δ法人交际费/个人消费	□出国观光日本人数	
	设施	Δ海外旅行事故、被害人数（出国日本人数比）		Δ新刊书籍发行种类数 Δ出租汽车行业从业人口数（人口比）	☆自然公园面积比 ☆温泉数
学习	主体	☆业余高校学生人数（15岁以上人口比）		□大学升学率 □留学人数（15岁以上人口比）	
	时间		Δ获得育英会奖学金学生数		☆学习活动时间
	设施			□大学数（人口比） □专科学校数（人口比） □书籍、杂志小卖店数（人口比）	□图书馆数（人口比） □博物馆数（人口比）
交际	家族	□离婚率 □婚姻率		Δ探亲旅行参加率 □离婚率 □未婚率	
	地域			☆服务活动时间（男女平均） □老人俱乐部数/60岁以上人口	☆交际时间（有业男女平均）
	国际			Δ与海外通信人数 Δ国际结婚件数	

注：1. □代表时间序列及地区类别计算用的指标；☆代表地区类别计算用指标；Δ代表时间序列计算用指标。

2. 由于新国民生活指标是从成人个人角度来统一评价的。这里的“客体”是当作养育对象的被养育者，也就是18岁以下儿童。因而，用“教育”评价生活是否丰富，不是儿童自身感受，而是养育孩子的家长的体会。

3. “不足病床数与总病床数比率”指标既有从“公正”角度分析不利的一面，又有从“自由”角度衡量有利的一面。

2. 社会影响指标

社会影响指标指那些在“活动领域类”指标中不能完全包括，但对居民生活具有深刻影响的指标。它分为“高龄化”、“国际化”、“集中化”、“信息、服务化”和“清洁化”等5个领域，并依各领域下设的项目选择了79项个体指标。其中各领域构成项目及主要指标分布见表3-7。

表3-7　社会影响指标构成项目及（主要）指标分布表

高龄化	国际化	集中化	信息、服务化	清洁化
（人口、家庭） 1. 高龄人口比率 2. 在家生活的老人比率 3. 独居老人数 4. 高龄夫妇家庭数 5. 痴呆老人发生率 （社会保障） 6. 领取养老金人数 7. 老人医疗费占居民医疗费比率 （设施） 8. 与老人关联的设施数	（人的交流） 1. 访日外国人数 2. 外国注册人数 3. 出国日本人数 4. 长期侨居国外日本人数 5. 归国儿童、学生数 6. 国际婚姻件数 （财务、信息转移） 7. 直接投资余额 8. 平均每人消费物资进口额 9. 食品、农产品海外依存度 10. 平均每人国际电话使用次数 （其他国际化）	（人的集中） 1. 东京人口占全国人口比重 2. 城市与农村人口比例 3. 东京就业人口占全国的比重 （财务、信息的集中） 4. 东京范围的票据交换额 5. 东京范围土地价格上涨率 6. 东京范围内使用电脑的台数	（信息、服务化动向） 1. 信息、服务产业就业人数比率 2. 服务消费支出占家庭最终消费支出比例 （家庭内信息、服务化） 3. 信用卡发行枚数 4. 家庭快件办理件数 （社会内信息、服务化） 5. 信息消费率 6. 电脑犯罪发生件数 7. 从事计算机软件工作技术人员数 8. 长期契约额	（环境方面） 1. 人均森林面积 2. 海洋污染（一） 3. 河川污染（一） 4. 公害意见数 （资源方面） 5. 能源消费率（一） 6. 人均日生活用水量（一） 7. 人均垃圾排放量（一） 8. 垃圾再利用率 9. 塑料的回收利用率

（二）综合指标的计算方法

新国民生活指标由活动领域类指标和社会影响指标构成。其中，“活动领域类指标”又具体包括时间序列综合指标和地区综合指标。

1. 时间序列综合指标的计算方法

（1）将个别指标标准化。为把变动幅度不同的各个个体指标予以综合，首先需要对个体指标进行标准化。通过计算指标的对称变化率 $C_{i(t)}$、标准化因子 A_i，求得各指标的标准化变化率 $B_{i(t)}$，进而计算各标准化指数 $S_{i(t)}$。

（2）计算各活动领域类综合指标。

第一，正逆指标的判断及处理。指标水平的上升与个人评价一致时，为正指标，用正号表示；相反，如果指标水平上升与个人评价不一致时为逆指标，用负号表示。对于逆指标，通过（$200-S_{i(t)}$）处理后再作为标准化指数。其中，对重复指标（如离婚率）判别时，要分别按不同标准进行。这样，在各活动领域综合指数及全部领域综合指数中，这种影响可以相互抵消，而在评价标准类指标计算中又能符合本标准的要求。具体表示为：

$$V_i\begin{cases}S_i\text{：符号为正的个体指标}\\(200-S_i)\text{：符号为负的个体指标}\end{cases}$$

第二，各活动领域综合指标的计算。通过对个体指标标准化指数进行简单平均计算得到各活动领域综合指标。计算公式为：

$$F_j=\frac{\sum_1^n V_i}{n} \tag{3.14}$$

式中，F_j 是活动领域 j 的综合指标，V_i 是个体指标（i 活动领域）的标准化指数，i 是个体指标代号，n 是个活动领域个体指标数。

（3）计算全部领域综合指标。通过各活动领域综合指标与相应的权数相乘，加权平均计算得到全部领域综合指标。其中权数按“居民生活满意度调查”所得的“需要得分”的偏差值确定。计算公式为：

$$T_{(t)}=\frac{\sum_1^8 F_j\times G_j}{\sum_1^8 G_j} \tag{3.15}$$

式中，$T_{(t)}$ 是全部领域综合指标，F_j 是活动领域 j 综合指标，G_j 是领域 j 的权数。

（4）计算评价标准的综合指标。通过对各评价标准所包含的个体指标的标准化指数与其相应活动领域的权数相乘，通过加权平均计算得到。

2. 地区综合指标的计算方法

新国民生活指标中地区类指标的计算是把全国分成 12 个区域进行的。计算的资料，基本上采用 1990 年的。资料不齐全的，用最新资料替代。

（1）个别指标的标准化。运用偏差值法，通过计算指标平均值及标准差求得个体指标的偏差值 $C_{i(t)}$。

（2）计算各活动领域类综合指标。

（3）计算全部领域综合指标。

（4）计算评价标准的综合指标。

以上的计算方法与内容均与上述时间序列综合指标计算方法相同。

3. 权数的计算

时间序列指标和地区类别指标是全部活动领域的综合指标。均由两大类资料构成，即由诸如“医院数目”、“工作时间”等客观类资料和居民对“医院的远近”、“工作时间长短”等与生活密切相关项目重要程度及满意程度的主观类评价资料构成。对于主观类评价资料，采用经济企划厅1990年度“国民生活满意度调查”的结果。

（1）有关国民生活满意度调查。“国民生活满意度调查”是每3年一次、在全国范围内对约4 000人进行的与生活密切相关的59个项目的调查。分5个档次征询“重要程度得分”和“满意程度得分”，并按下列公式计算“需要得分”：

不满意度得分＝6－满意度得分

需要得分＝重要程度得分× 不满意度得分

（2）有关活动领域类权数的计算。

第一，活动领域“需要得分”的计算：

“国民生活满意度调查”把59个调查项目分为10个领域，并计算各领域的“需要得分”（即各领域所包括项目“需要得分”的平均数）。

由于新国民生活指标中的“消费”、“教育”、“娱乐”、“学习”、“交际”5个活动领域与“国民生活满意度调查”领域是一一对应的，因而，5个活动领域“需要得分”直接采用各调查领域“需要得分”即可。但“居住”、“工作”、“医疗”3个活动领域均包括2个“满意度调查”领域，其“需要得分”通过所包括调查领域的“需要得分”与其对应的个别指标数目加权平均计算。

第二，“需要得分”的偏差值计算：

首先，根据“国民生活满意度调查”全部回答者对所有项目总得分（3 176人×59项目）计算各活动领域的平均得分；

其次，根据各活动领域“需要得分”与平均得分计算标准差；

最后，计算各活动领域偏差值，并据以作为各活动领域权数。

（3）生活评价标准的汇总。各活动领域的权数除以各评价标准包括的指标个数，用以消除各领域指标数多少对权数大小的影响。

综上所述，新国民生活指标的计算方法归纳如下（见表3-8）：

表 3-8　　新国民生活指标计算方法

指标		个体指标标准化	各领域综合化	全领域综合化	生活评价标准类
活动领域类指标	时间序列	标准化指数	简单平均	加权平均	加权平均
	地区序列	偏差值方式	简单平均	加权平均	加权平均
社会影响指标		标准化指数	简单平均	—	—

（三）日本新国民生活指标体系的特点

通过对日本新国民生活指标体系的介绍，我们发现该指标体系具有以下较为显著的特点：

第一，日本新国民生活指标体系通过广泛地收集资料和深入地分析研究，设立了与居民生活密切相关的八大活动领域构成要素，较为全面、充分地反映了社会居民生活的各方面状况，体现了社会生活的本质内容。

第二，该指标体系对各活动领域实际状况按照“安全与安心、公正、自由、舒适”四个标准进行了多层次、全方位的综合评价，充分体现了随着社会发展而产生的由低层次需求向选择的多样性、舒适性等高层次需求转移的居民需求变化趋势。这进一步衡量、评价了社会发展带给居民的不同方面、不同程度的主观感受。

第三，该指标体系通过“居民生活满意度调查”结论确定各个活动领域权数，运用科学客观的方法反映社会居民的主观认识，充分体现了客观与主观相结合的指标计算与分析原则。

第四，该指标体系结合各指标自身性质与特点将其分为时间序列指标及地区指标分别进行计算，能够进一步衡量、反映出因时间差异及地区差异造成的居民意识的多样化现象及状况，并且通过对指标计算结果的比较分析，可以明确认识到居民生活状况的动态发展过程以及不同地区居民之间生活水平的差距。

第五，日本新国民生活指标体系将全部指标划分为反映居民生活本身的“活动领域类指标”和影响居民生活变化的“社会影响指标”两大部分，并按不同情况分别计算综合指标。这既明确了居民社会生活的具体内容与评价对象，又能够充分体现“社会影响指标”的独立状况与作用，为国家、政府和社会公众全面了解居民生活水平、充分把握社会发展状况提供了便利条件。

第六，日本新国民生活指标体系通过对社会发展状况的了解与掌握，在指标体系的修订过程中，对某些不符合社会发展现状或已被逐渐淘汰的指标进行修改、替换，在保证国民新生活指标体系相对稳定性的同时注重指标的时效性与发展的持续性。

（四）日本新国民生活指标体系对构建我国社会统计指标体系的启示

通过深入分析和研究日本新国民生活指标体系，对于我们在建立和完善我国社会统计指标体系时应当遵循的原则，有以下启发：

第一，在选择社会指标时，应当严格遵循重要性原则。众所周知，能够体现社会发展水平及人民生活状况的指标有很多，但将其全部纳入社会统计指标体系进行衡量分析是不必要同时也是不科学的。社会统计指标体系所选取的指标必须是具有代表性的，能够充分反映社会状况的重要指标。选取指标的过程中，可以采取主成分分析法、因子分析法、聚类法等多元统计方法对指标进行科学的筛选。

第二，在选择社会指标时，还要遵循适用性原则。日本新国民生活指标体系对各活动领域实际状况按照“安全与安心、公正、自由、舒适”四个标准进行了多层次、全方位的综合评价。进一步衡量、评价了社会发展带给居民的不同方面、不同程度的主观感受。为了使社会统计指标体系能够真正体现人民生活水平，反映社会发展状况，就应当设定相应的适用于居民对其日常生活状况进行评判的评价标准。通过这些适用性指标的建立，从居民日常生活的主观感受角度出发，对社会发展状况进行科学、客观的分析。

第三，在选择指标时，还要遵循针对性原则。选取不同类型的指标及运算方法对社会发展状况及人民生活水平进行有针对性的考察、分析，这是日本新国民生活指标体系的一大特点。比如，选取时间序列指标对社会发展状况及人民生活水平的变化情况进行动态的衡量与分析；选取横截面地区数据指标对不同经济状况、不同发展目标的具有差异性的地区社会发展状况进行比较分析等。

第四，在构建指标体系时，必须坚持科学性原则。日本新国民生活指标体系中，将国民指标体系划分为反映居民生活本身的“活动领域类指标”和影响居民生活变化的“社会影响指标”两大部分，并按不同情况分别计算综合指标的做法，从反映内容、影响因素等角度对社会统计指标体系进行大类的划分，并按照各个大类的不同性质、特点，采取不同的方法确定其综合指标的计算方法等做法，对我们建立和完善我国社会统计指标体系都有重要的借鉴意义。尤其是对指标的分类计算、分析，不仅增强了社会统计指标体系的科学性，同时还便于对不同类型因素的发展变化状况进行分析，有利于及时把握现状，并采取相应措施。

第五，构建社会统计指标体系，还应当考虑与时俱进原则。根据社会发展变化情况，及时修改、完善和调整一些指标，使指标体系不断适应社会发展变化，真实衡量社会实际状况。但是，社会统计指标体系涉及指标较多，体系的构建相对复杂，频繁地对其进行修改会影响其使用效率，是不必要也是不应当的。因此，建议在科学分析的基础上，将指标体系中的指标分为“重要基础指标”、“相对稳定指标”以及“灵活变动指标”等几大类，并为其设定相应的变动依据与标准，这样就可以在维持指标体系大体框架稳定的基础上使其充分适应社会的发展变化，兼顾指标体系的结构稳定性与发展灵活性。

四、印度社会统计指标体系的内容及启示

联合国计划开发署（UNDP）把人类发展定义为，扩大人类选择的范围，提高他们获得教育、卫生保健、收入和就业的机会，使所有人类都能享有经济发展和政治自由所必需的适宜的环境。印度独立前是一个举世闻名的饥荒之国，大多数国民处于极度贫困状态。据统计，仅 1900 年到 1947 年，印度因灾荒饿死的人数就达 2 650 万人。地区之间、人与人之间存在严重的资源分配不平等。印度人民的生活水平和收入水平都十分低，文盲率更是高达 84%。公共健康服务水平低下，人们根本无力抵御诸如流感、霍乱、疟疾等流行病的侵袭，成千上万的人处于饥饿和营养不良的状态。独立前夕，尼赫鲁宣称独立是打开机会的第一步，是结束贫困、愚昧、疾病和不平等的机会的一步。印度发展战略一开始就制定了维护社会公正的战略，宣布把经济增长和消除贫困以及保持社会公正放在同等重要的地位。

（一）印度社会统计指标体系的内容

印度社会指标体系主要包括人口、保健和营养、住房、教育、劳动就业、收入和犯罪等七大类指标，每大类指标中又包含若干个具体指标。每大类所包含的若干个具体指标分别为：

1. 人口

人口类指标主要包括人口增长率、城市人口百分比、人口性别比例、婴儿死亡率、受计划生育方法有效保护的夫妻百分比等 5 项指标。

2. 保健和营养

该类指标主要包括婴儿成活率、每 10 万人口医院床位数、每 10 万人口医生数、每人每年保健开支和每人每日平均吸收热量和蛋白质等 5 项指标。

3. 住房

主要包括按房屋结构分类的住房百分比，无饮用水、供水不足和供水充足的村庄百分比，以及按饮用水源（城乡）计算的住户百分比等 5 项指标。

4. 教育

主要包括按年龄分类的有文化人数百分比、按性别分类的有文化人数百分比、不同教育级别在校女生百分比、各级教育女教师百分比、中学教师与学生比例、教育经费占财政总支出比例、小学教育的辍学和留级情况、教育经费占国内生产总值的百分比、每人每年平均教育经费、某些类型的学校每个学生的平均费用、每千人口中有文化的人口比例、大中学校入学人数中女生比例、大学教育中女生入学趋势等 13 项指标。

5. 劳动和就业

主要包括产业工人百分比、妇女参加有组织活动的百分比、制造业和矿山工人实际收入指数、工厂工伤事故发生率和频率、公共和私人制造部门雇佣工人工时损失千分比等 5 项指标。

6. 收入

包括每人每年家庭最终消费开支和每人每年收入等 2 项指标。

7. 犯罪

主要包括犯罪案例数、青少年犯罪率、按性别分组被捕青少年人数和自杀案例数等 4 项指标。

（二）印度社会统计指标体系的特点

第一，从印度社会统计指标体系七个大类指标来看，囊括了人口、保健和营养、住房、教育、劳动和就业、收入以及犯罪等七个方面的内容。而这七个方面指标所衡量与考察的确实是居民生活的基本内容与要求。因此，大体上看，印度的社会统计指标体系基本能够做到以人的全面发展和生活质量的提高作为衡量标准。但是，结合当前社会发展现状，我们有理由认为，仅仅依靠上述七个方面的指标对社会发展状况及居民生活水平进行衡量与考察是远远不够的。随着可持续发展战略的日益深化，对自然环境与资源进行考察、监测的社会统计指标也成了社会统计指标体系中必不可少的组成部分。同时，随着居民生活水平的提高，对生活的需求日益多样化、个性化，人们也逐渐开始对除了工作时间以外的闲暇时间进行合理的安排。因此，对居民生活时间的分配状况进行统计分析有助于了解居民的生活、心理状态，进而分析社会发展带给居民生活的影响。

第二，印度社会统计指标体系是建立在其特定的发展规划与发展目标基础上的。它符合印度本国国情，体现了经济与社会协调发展的观念。可以看出，在包括教育、劳动和就业等指标方面，印度十分重视性别差异给各项指标带来的影响。对在校女生百分比以及妇女参加组织活动百分比的测算、分析，有助于了解国家性别歧视方面存在的问题以及趋势，有助于政府根据现状采取相应措施以及对相关政策法规执行的效果进行监测评价。

第三，从七大类指标内的具体指标角度进行分析，各个具体指标的设定都是依照印度当前国情，根据社会发展过程中存在的亟待解决的问题设定的。而从对各个具体指标的分析可以看出，印度的社会发展状况及人民生活水平还处于相对较落后的阶段。比如其住房指标中无饮用水、供水不足和供水充足的村庄百分比，按饮用水源（城乡）计算的住户百分比，对这两个百分比指标的考察说明印度当前居民饮用水困难是其社会发展中遇到的一大问题。

第四，各指标完全依照国家实际状况及社会发展需要的客观要求设定，并未对居民个人的主观感受进行考察与分析。忽略了从人民的主观感受方面对社会发展状况及人民生活水平进行考察，不利于全面了解、充分认识社会的发展情况。

（三）印度社会统计指标体系对建立和完善我国社会统计指标体系的启示

印度社会统计指标体系给我们的启示是，在建立和完善我国社会统计指标体系时，除了要坚持前面所介绍的国际组织和几个有代表性国家的社会统计指标体系时所强调的原则外，还应当注意以下两点：

第一，指标数量的适度性问题。社会统计指标体系中所包含的指标数目过多或过少都不利于指标体系发挥其作用。指标过多，造成指标冗余，指标体系过于复杂，数据收集困难，给计算、分析过程带来不必要的麻烦；指标过少，不利于多角度、多层次地充分反映社会发展状况。印度的社会统计指标体系所包含的指标数量既不过多也不过少，很好地结合社会发展现状、发展规划以及发展目标寻求有代表性的重要指标，同时由这些重要指标所构成的指标体系能够全面反映社会发展状况及人民生活水平。

第二，有关主客观指标相结合的问题。在构建和完善社会统计指标体系的过程中，绝不可忽视居民对个人生活和社会发展的主观感受。应当根据国家、社会实际状况，适当引入部分主观指标，做到主客观指标相结合。只有这样，才能不仅通过对样本指标数值的分析了解社会发展状况，更能从居民感受的角度分析社会发展给居民生活带来的实际影响。

第四章

国内社会统计指标研究的历史及现状

第一节 有关社会统计指标体系的概念

自 20 世纪 60 年代以来，“社会统计指标运动”席卷了整个世界，在各国纷纷掀起了一股由多学科领域学者参与的社会统计指标研究热潮。社会统计指标作为现代社会的一种管理工具，已引起人们的普遍关注，并已开始应用于社会管理的各个方面。但是，迄今为止，有关社会统计指标的问题仍然是一个众说纷纭的研究课题，人们对社会统计指标的一些基本概念和理论尚未形成一致的认识。这是因为，社会统计指标研究本身涉及许多不同的学科领域，诸如社会学、统计学、伦理学、经济学、哲学、政策科学等，这就决定了社会统计指标具有多重性质和特点。由于社会研究的问题极为复杂，只用一两个社会统计指标并不能满足研究的需要和达到研究的目的，为此，还必须建立必要的社会统计指标体系。虽然“指标”、“指标体系”为国人所熟知，但联合国、联合国专门机构以及其他一些国组织的统计部门在其有关社会问题的研究报告中，竟没有“指标体系”这样一个概念。我们通常所说的指标体系就是指标群或指标组合的概念，但这种组合绝不是杂乱无章的随意组合，而应该是有联系的科学组合。

社会统计指标一词，最早是由美国学者雷蒙德·鲍尔在其 1966 年出版的《社会统计指标》中提出来的，他在书中写道“本书全面论述社会统计指标问题——统计学、统计数列和所有其他形式的数据——这些指标能使我们就我们的价值和目标的现状与未来做出估计，对具体的规划进行评价并确定它们的影响”[1]。在该书的作者看来，社会统计指标是一种“量的数据”，它是

[1] RAYMOND A B. Social Indicators[M]. Cambridge, Massachusetts: MIT Press, 1966.

一套统计数据系统。在国际上对社会统计指标广泛关注的同时，国内学者也纷纷对社会统计指标及其体系进行研究。袁方认为社会统计指标体系是在更宏观的层次上，以整个社会全方位的角度，从社会现象间的相互联系入手，对整个社会现象进行计量与评价，是用以描述与评价社会状况及社会变迁趋势的统计数据系统。[1]国岩也专门撰文对社会统计指标体系概念进行探讨，他认为社会统计指标体系是综合地反映人们在特定社会中生存、享受、发展状况的关键数量关系。[2]朱庆芳在综合国内外学者研究观点的基础上，对科学的社会统计指标体系进行了定义。她认为，科学的社会统计指标体系应该是根据不同研究目的的要求和研究对象所具有的特征，把客观上存在联系的、说明社会现象性质的若干个指标，科学地加以分类和组合形成的一种社会统计指标体系。它反映了一个国家或地区在一定历史条件下的社会发展状况和进程，从总体上协调社会发展和经济发展的关系，促进社会与经济的可持续发展；并从一定程度上预测社会发展水平，为政策的制定和实施提供建议和帮助。[3]

由上述可见，国内学者有关社会统计指标体系的界定具有以下几个共同特点：首先，从指标体系测度的对象看，社会统计指标体系是有关社会现象的一种测度；其次，从指标体系的形式上看，社会统计指标体系是以定量形式表现的社会统计资料，是一种具有价值取向的数据；最后，从指标体系的功能上看，社会统计指标体系是一套对社会现象具有描述功能、分析功能、评价功能和预测功能的统计数据系统。

第二节　我国社会统计指标体系产生的背景

随着我国改革开放的不断深入，社会统计指标体系也在中国迎来适宜的产生和发展的环境。1978 年，中国共产党第十一届中央委员会第三次全体会议所制定的路线、方针和政策，促使中国的改革开放需要中国特色社会学。1981 年，中国统计学会全国第二次统计科学讨论会提出："社会统计学有从社会经济统计学中独立出来的必要。" 20 世纪 80 年代，原北京财贸学院以及北京大学、中国人民大学先后出版了不同版本的《社会统计学》。1982 年，联合国教科文

[1] 袁方. 社会指标与社会发展评价 [M]. 北京：中国劳动出版社，1995.
[2] 国岩. 关于"社会统计指标"概念综述——兼谈个人之见解 [J]. 统计与决策，1985 (3).
[3] 朱庆芳，吴寒光. 社会指标体系 [M]. 北京：中国社会科学出版社，2001.

组织在北京举办“社会经济指标研究班”，这次研究班对中国社会统计指标的研究起了重要的启蒙和推动作用。国家统计局等部门，在20世纪80年代初组建了社会统计司、社会发展司等。1983年，国家统计局社会统计司构建了中国第一套《社会统计指标体系（草案）》。该指标体系包含13大类的900多个指标，之后还陆续出版了《中国社会统计资料》。1989年，国家统计局又对该指标体系做出调整和修订，编制了新的《社会统计指标体系方案》，包含15大类的1 400多个指标，此后，中国的社会统计指标体系开始得到迅速发展。

第三节 我国社会统计指标体系的发展和现状

随着我国有关社会统计指标体系研究的不断深入，目前已形成了较为成熟的三种不同类型的社会统计指标体系，它们分别是小康社会统计指标体系、和谐社会统计指标体系和两型社会统计指标体系。

上述这三个社会统计指标体系既有区别又有联系。第一，从内容上看，这三个体系的内容有明显的重叠，它们之间相互依赖、相互渗透；但是每个体系又有各自的目标，保持自身的独立性。例如，三种社会统计指标体系都不约而同地包含了经济类指标，并将其置于重要位置；但小康社会更注重生活水平提高，和谐社会更注重社会融洽，两型社会更注重环境保护和资源合理利用，都有各自的侧重。第二，从研究思路上看，三种社会统计指标体系的构建方法相似，主要区别在于选取的指标以及赋予的权重不同。第三，从提出时间的先后顺序看，小康社会统计指标体系提出最早，随后是和谐社会统计指标体系，最后是两型社会统计指标体系。上述三种社会统计指标体系出现的时间顺序正说明我国不同阶段社会发展目标的变化。但三个社会统计指标体系之间并非是简单的替代关系，而是处于共存状态。三个类似的社会统计指标体系的共存，主要是由不同阶段或不同地区的统计目标和统计制度的差异造成的，因为任何一种指标体系都是为社会发展目标来服务的。例如，两型社会统计指标体系虽然涉及各个方面的问题，但指标体系中就会着重加大资源环境指标的权重，然后通过各指标的合成得出评价结果，可以发现社会发展的目标决定了社会统计指标体系构建的重心。下面分别对“小康社会”、“和谐社会”、“两型社会”三种社会统计指标体系进行综述。

一、小康社会统计指标体系

（一）小康社会提出背景和发展的进程

小康社会是一个历史范畴，其思想在中国影响深远，盛行千年而不衰，是普通百姓追求安定富裕生活的美好向往。“小康”一词最早源出《诗经》：“民亦劳止，汔可小康。”一般是指凭自己的劳动可以维持中等生活水平的家庭经济状况。提出小康社会模式始于战国时期的儒家，在《礼记》的《礼运》篇中做了比较全面的阐述。儒家思想有许多积极的成分，是中华民族的一笔宝贵精神财富。但是，儒家关于小康社会的构想，在当时的条件下，历史和阶级的局限性决定了它只能是空想。

邓小平同志借用“小康社会”这个名词，用历史唯物论观点为小康社会赋予了全新的内涵，使儒家构想的小康社会由空想变成了科学。邓小平同志所提出的在中国建设小康社会的思想，始终都与他探索在中国怎么搞社会主义、怎么实现现代化联系在一起。1979 年 12 月，他在会见日本首相大平正芳时首次提到小康社会这一概念。他说：“我们的四个现代化的概念，不是像你们那样的现代化的概念，而是‘小康之家’”。[1]过了四年之后，1984 年 3 月 25 日，他在《发展中日关系要看得远些》中又说：“这个小康社会，叫作中国式的现代化。翻两番、小康社会、中国式的现代化，这些都是我们的新概念。”[2]再过一年，1986 年 6 月 18 日他在《争取整个中华民族的大团结》中具体阐述了怎么搞社会主义和建设小康社会的问题，他说：“所谓小康社会就是虽不富裕，但日子好过。我们是社会主义国家，国民收入分配要使所有的人都得益，没有太富的人，也没有太穷的人，所以日子普遍好过。”[3]由此可见，邓小平同志对小康社会从经济基础到上层建筑的内涵都做了全面的论述。

江泽民同志在党的十六大报告中指出：“经过全党和全国各族人民的共同努力，我们胜利实现了现代化建设‘三步走’战略的第一步、第二步目标，人民生活总体上达到小康水平。”但是，“必须看到，我国正处于并将长期处于社会主义初级阶段，现在达到的小康还是低水平的、不全面的、发展很不平衡的小康，人民日益增长的物质文化需要同落后的社会生产力之间的矛盾

[1] 邓小平．邓小平文选（第二卷）[M]．北京：人民出版社，1983：237.
[2] 邓小平．邓小平文选（第三卷）[M]．北京：人民出版社，1983：54.
[3] 邓小平．邓小平文选（第三卷）[M]．北京：人民出版社，1983：161-162.

仍然是我国社会的主要矛盾。”因此，“综观全局，21世纪头20年，对我国来说是一个必须紧紧抓住并可以大有作为的重要战略机遇期。根据‘十五大’提出的到2020年、建党100年和2050年新中国成立100年的发展目标，我们要在21世纪头20年，集中力量，全面建设惠及十几亿人口的更高水平的小康社会，使经济更加发展、民主更加健全、科教更加进步、文化更加繁荣、社会更加和谐、人民生活更加殷实。”[1]

胡锦涛同志在党的十七大报告中指出，“我们已经朝着‘十六大’确立的全面建设小康社会的目标迈出了坚实步伐，今后要继续努力奋斗，确保到二〇二〇年实现全面建成小康社会的奋斗目标。”[2]

党的十八大在十六大、十七大提出的“全面建设小康社会”目标要求基础上，报告的主题进一步发出了“坚定不移沿着中国特色社会主义道路前进，为全面建成小康社会而奋斗”[3]的号召，并为今后做出了“全面建成小康社会”的新部署。

从上述看出，我国的小康社会从领导人最初概括性地提出社会发展目标，再到党的十六大以来历次代表大会逐步提出具体奋斗目标和战略部署，是由执政党率领全国人民为之奋斗的过程，这足以证明我们国家对小康社会的重视程度。因此，开展有关小康社会统计指标体系问题的研究也就具有十分重要的历史意义和现实意义。

（二）国内学者对小康社会统计指标体系的研究

根据邓小平同志在20世纪70年代末80年代初提出的到20世纪末实现小康的设想，1991年国家统计局会同国家计委和农业部等12个部门的研究人员组成了“中国小康研究课题组”，按照党中央、国务院提出的小康目标的内涵，确定了经济水平、物质生活、人口素质、精神生活和生活环境五个方面16项基本监测标准和临界值。2000年用综合评分方法对这16项指标进行测算，1990年全国的小康实现程度为48%，2000年为96%，尚有3个指标没有达到小康标准。进入21世纪后，党的十六大所提出的全面建成小康社会

---

［1］ 江泽民. 全面建设小康社会，开创中国特色社会主义事业新局面——在中国共产党第十六次全国代表大会上的报告［R］//郑治. 十六报告辅导读本. 北京：人民出版社，2002.

［2］ 胡锦涛. 高举中国特色社会主义伟大旗帜 为夺取全面建设小康社会新胜利而奋斗——在中国共产党第十七次全国代表大会上的报告［R］//中国共产党第十七次全国代表大会文件汇编. 北京：人民出版社，2007.

［3］ 胡锦涛. 坚定不移沿着中国特色社会主义道路前进，为全面建成小康社会而奋斗——在中国共产党第十八次全国代表大会上的报告［R］//十八大报告学习辅导百问. 北京：学习出版社，2012.

的目标比国家统计局等部门最初制定的小康生活基本标准，在许多方面都有了更高的要求。因此，原有小康指标体系所制定的标准已不能满足对全面建设小康社会指导和监测的需要，需要对其进行调整。于是，国家统计局于2008年6月18日公布了《全面建设小康社会监测方案》，对监测目的、监测内容和评价方法等进行了全面介绍，并给出了具体的监测指标体系和评价标准。2011年12月19日，国家统计局发布《中国全面建设小康社会进程统计监测报告（2011）》，披露了这一国家发展目标的进展。报告称，最新统计数据显示，2010年中国全面建设小康社会的实现程度达到80.1%，比2000年提高20.5个百分点，平均每年提高2.05个百分点。

国务院发展研究中心的王梦奎等人在《新阶段的中国经济》中认为，全面建设小康社会的奋斗目标至少应该包括三个方面的内容：第一是小康水平的普及和巩固。目前我国农村还有3 000万人没有解决温饱问题，还有6 000多万人处于低水平的温饱，要首先解决这些人的温饱问题，使之达到小康。第二是提高小康水平。小康也有一个从低到高的发展过程，要逐步地从目前低水平的小康达到较高水平的小康。第三是全面性的要求。建设小康社会，不仅包括发展经济和改善人民生活，还包括实现社会全面进步。

在全面建设小康概念提出之前，也有些学者提出了在我国的现代化建设进程中，在基本实现了小康后与将实现富裕之间有一个“后小康”的过程。这最早由吴明瑜、李泊溪在《中国1997—2020：科学技术与人民生活》中提出。我国的第二步战略目标所达到的只是小康阶段的起点标准，从小康起点标准进入到富裕阶段，中间还需要经历一个比较长的时间。中国“后小康”生活的特点是：消费能力显著增强，消费结构明显改善，消费领域逐步扩展，生活质量不断提高，消费行为更加科学。进入“后小康”阶段后，要尤其重视提高生活质量问题，这是从消费角度促进经济增长方式转变和实现“后小康”生活标准的关键所在。

中国社科院的李培林、朱庆芳等人认为，中国之所以要在21世纪用“全面建设小康社会”的目标来深化和提升小康战略，其根本原因并不仅仅在于中国已经初步得到实现的小康水平很低，还在于小康战略在一些地方的发展实践中，有一种单纯强调GDP指标而忽视结构转变和社会发展的倾向，因而多少隐含着传统发展战略的内在不足或弊端。朱庆芳等在《中国小康社会》一书中对我国建设全面小康社会有了一个比较翔实的定量分析，并从三个层面上提出了三套指标体系。由社会结构指数、经济与科教发展指数、人口素质、生活质量和环保、法制及治安等五个方面28个指标构成了一套指标体系，对各省市区全面小康目标实现程度进行综合评价；由经济发展、社会发展、生活质量、基础设施和环保等四个方面25个指标建立城市全面小康和现代化指标体系；由社会结构和生产条件、经济效益、人口素质、生活质量等四个方面27个指标构建了农村全面建设小康社会的指标体系。与1992年国家统计局所做的小康指标体系分为国家标准、城市标准和农村标准三种类似，该书为全面小康也设立了三种标准。三套指标体系都是从建设全面小康社会的过程中到2010年的分析，而实际上建成全面小康的时间应当在2020年左右，所以说，对于2010年以后的10年，有些指标是否要调整、怎样调整，都未做进一步的说明。同时，虽然该书考虑到我国社会二元结构明显的特点，采用城乡分别统计的方式，但却不利于改变我国目前二元经济扩大的趋势，这也与全面建设小康的过程就是一个二元经济逐步消退过程的宗旨不相符。

国家统计局原副局长贺铿根据全面小康社会的内涵及评价原则，初步设想全面小康社会评价指标体系包括经济发展水平、文教与卫生发展水平和社会发展水平三个子系统，共用26个指标来描述。经济发展水平包括综合国力、国际竞争力和人民生活水平等三个方面。文教与卫生发展水平是显示国家发达、民族进步和社会文明的重要标志，可以细分为几个子系统进行更深入的研究。依据抓主要矛盾和矛盾的主要方面的思想，他认为描述文教与卫生发展水平的核心指标应当是人口素质和社会生产力发展水平。社会发展水平的评价标准应当充分反映社会的和谐与进步程度。和谐与进步的社会必然是高效、公平、公正、文明的社会，同时是可持续发展的社会。

此外，很多学者也都表达了对小康社会的研究成果。湖南大学的王晶从经济发展、社会发展、生活质量发展、环境发展四个子系统，建立和完善了小康社会统计指标体系；并运用统计方法对指标体系进行时间序列分析、回归分析和相关分析，并对预测值与目标值进行了比较分析。厦门大学的朱军浩通过"人口素质和生活质量子系统"、"经济发展子系统"、"社会发展子系统"、"自然资源利用和保护子系统"四个子系统的27项指标建立了小康社会统计指标体系。同时，该体系的特色在于改变了以往指标体系只有一个临界值的状况，分设两组"指标相同、但赋值和权重不同"的低中值和高中值，对不同发展水平的地区进行评价，各地区的差别体现在权重上而不是指标上。

目前，在全国范围内较有影响的是国家统计局统计科学研究所于2003年年初开始研究制定，并坚持长期监测的全面建设小康社会统计监测指标体系。2007年，国家统计局统计科学研究所又根据党的十七大提出的新要求对指标体系做了重要修订。与此同时，为了便于全国各地开展监测工作，2008年6

月国家统计局正式印发了《全面建设小康社会统计监测方案》（国统字〔2008〕77号），方案中的指标体系由经济发展、社会和谐、生活质量、民主法制、文化教育、资源环境等6个方面23项指标组成。该指标体系是将全面建设小康社会实现程度作为一种综合指数，用各监测指标实际值除以标准值，然后再经加权综合而得的。实现程度60为总体小康，100为全面小康，也就是说，全国建设小康社会进程是以60为起点，100为终点。比如，最后一期公开发布的《中国全面建设小康社会进程统计监测报告（2011）》指出，中国全面建设小康社会进展顺利，实现程度由2000年的59.6%提高到2010年的80.1%。

由上述指标分析可以看出，国内很多学者在设计这套社会统计指标体系时，除了注重经济指标以外，对社会发展和人的素质发展指标也给予了相当的重视。但是在指标体系中有些指标并未给出权重，子系统下面的指标有的是指标值，而有的是又一个由十分复杂的下一级子系统构成的指数，而这个指数里如环境污染系数等也不能直接获得。可以看出，从指标体系的顶层到指标数据的终端获取层，是由多个不等层级组成的，指标体系表面上看比较简洁，但在应用时就会遇到数据获取较为困难、层级过多等问题。

二、和谐社会统计指标体系

（一）和谐社会提出的背景和发展的状况

和谐社会是古今中外绝大多数治国者为之孜孜以求的奋斗目标。如果把人们心目中的美好社会愿景描绘为"和谐"，那么和谐社会的思想已经存在了数千年，但在不同的时期、不同的国家，对和谐社会的概括各有不同。在中国，孔子的"和为贵"，墨子的"兼相爱"，孟子的"天时不如地利，地利不如人和"，老子的"人法地，地法天，天法道，道法自然"，庄子的"天人合一"等都是对和谐的概括。在国外，法国的傅里叶、英国的欧文、德国的德特林等空想社会主义者都把自己所设想的社会称为"和谐社会"。

但是，把"和谐社会"作为一个社会发展目标明确提出，作为一种理论思想系统阐述，作为一份理想信念切实践行，则是中国共产党在探索中国特色社会主义道路过程中的一次创新。中共中央在十六大政治工作报告中首次提出了"社会更加和谐"的奋斗目标。十六届四中全会上通过的《中共中央关于加强党的执政能力建设的决定》进一步指出，要"坚持最广泛、最充分地调动一切积极因素，不断提高构建社会主义和谐社会的能力”，将“构建社会主义和谐社会”正式列为中国共产党全面提高执政能力的五大能力之一。十六届六中全会做出了关于构建社会主义和谐社会若干重大问题的决定，确立了建立和谐社会极其重要的意义。决定把“民主法治、公平正义、诚信友爱、充满活力、安定有序、人与自然和谐相处”作为总要求，提出了到2020年构建社会主义和谐社会的目标和主要任务。自党的十六大以来，继小康社会后，建设社会主义和谐社会已经成为举国上下的共识，和谐社会的理念也被注入各个行业与区域，包括和谐文化、和谐教育、和谐农业、和谐金融、和谐社区、和谐校园等。显而易见，社会主义和谐社会的内涵、意义、目标、主次、路径不同于前述被泛化了的古今中外和谐思想，有继承却更多的是赋予了丰富的时代特征、社会特点与政治使命。

（二）国内学者对和谐社会统计指标体系的研究

当今的和谐社会提法是在小康社会之后出现的，内涵上也是在小康社会的基础上更加丰富。于斌在《关于和谐社会的统计研究》中认为和谐社会是小康社会的进步和发展，是更高层次的小康。他主张在基本成熟的全面小康社会的指标体系中增加若干代表更高要求的指标来构建指标体系，在评价标准与权数的确定上也可参照小康社会统计指标的标准与权重进行调整。

2005年，胡锦涛同志在中央党校省部级领导干部研讨班上的讲话中提出了社会主义和谐社会的六大特征：民主法治、公平正义、诚信友爱、充满活力、安定有序、人与自然和谐相处。国内学者纷纷从这六个方面进行和谐社会统计指标体系的研究。湖州师范学院张德存认为，和谐社会是良性运行和协调发展的社会。构建和谐社会，需要从人际关系、资源配置、社会结构，也就是个人、群体、社会等方面来研究具体的条件和机制。他选择了民主法治、公平正义、充满活力、安定有序、人与自然和谐相处等五个方面的29项指标构成评价体系，利用专家打分法并通过模糊综合评判方法修正并确定了权重。

国家统计局课题组认为社会主义和谐社会的六个基本特征体现了民主与法治的统一、公平与效率的统一、活力与秩序的统一、科学与人文的统一、人与自然的统一。他们依六个基本特征建立指标体系，采用平均赋权的方法对各项指标确定权数，对部分指标进行了测算和分析并提出了展望。暨南大学的胡皓认为和谐社会是坚持走社会主义道路前提下的中国共产党领导全国人民共同建设、共同享有、以人为本，各方面利益均衡的社会。他根据和谐社会所具有的六大特征建立了包含 18 项指标的体系，对广东省和谐社会水平进行综合评价，采用指数法对数据进行无量纲化，利用主成分分析法赋权，通过加权平均法得到广东省和谐社会水平的综合评价值并分析逐年变化情况。东南大学的韩颜超等人从这六个方面建立了 24 项指标对我国各省、自治区和直辖市进行和谐社会水平统计，先采用阀值法对指标数据进行无量纲化并在每个方面分别进行因子分析，然后根据各省市自治区各方面因子分析得分加总计算综合评价值，并结合聚类分析对我国各地区和谐水平进行评价。

同时，国内也有很多学者根据自己的理解从其他角度来构建和谐社会统计指标体系。浙江财经大学的苏为华教授不赞同和谐社会统计指标体系从“民主法治、公平正义、诚信友爱、充满活力、安定有序、人与自然和谐相处”这六方面进行构建，认为这样做并没有捕捉到“和谐社会评估”的灵魂。他主张应当把“发展状态”、“主观感受”纳入到“和谐社会”状态评估之中。对和谐社会建设状态进行统计评估时，和谐社会的统计外延及工作重点不是静态的，而是动态的，是与时俱进的，所以评价指标和体系都应该是用发展的眼光来看待。注重统计评估指标体系测度范围与测度内容的“全面性”、“协调性”与“可持续性”等三个角度来构建和谐社会统计评估体系，以科学发展观为指导来设计统计评估思路，才能真正捕捉到“和谐社会评估”的灵魂，把握好和谐社会建设的正确方向。北京市社会科学院的梅松与齐心二人认为，和谐社会是社会关系和谐的社会，社会关系包括人与人之间、人与社会之间、社会内部各阶层群体之间乃至人与自然之间的关系。二人曾提出了由社会结构、社会公平、社会稳定、社会活力、社会意识、社会治理、人与自然的和谐七个方面 37 项指标组成的指标体系，并设想采用极值法和层次分析法进行数据无量纲化和指标赋权。后来二人又从社会公平、社会稳定、社会活力、社会治理、社会意识、人与自然等六个方面选取了 25 项指标，构成了一套主要针对大城市社会和谐程度的评价指标体系。采用比值法对指标值进行无量纲化处理，采用平均赋权法确定指标权重，采用常规多指标综合评价方法得出北京和上海的社会和谐总指数并进行对比分析。中国社会科学院朱庆芳认为，和谐社会是人民物质生活和精神生活极大提高、社会与经济协调发展的社会。她主张从社会结构、人口素质、经济效益、生活质量、社会秩序、社会稳定六个方面，选择 38 项指标组成反映和谐社会建设状况的体系，采用指数法进行数据无量纲化，并通过主观赋权计算类指数和综合评价指数。

中南财经政法大学的陈黎明等人主张从人口、经济、社会和环境四个方面建立由三个层次共 18 个评价指标组成的指标体系，在确定各个指标优劣上下限及适度区间的基础上采用模糊隶属函数对各指标进行无量纲化处理，利用因子分析法确定各级指标权重得出我国和谐社会水平的综合评价值在“一般”与“较高”之间的结论。上海大学的于丽英等认为社会主义和谐社会，是政通人和、经济持续稳定增长、充满创造活力、讲诚信、生态环境不断改善、平等开放的社会。她们建立政治、经济、文化、社会外部环境四个子系统构成指标体系，以上海市为研究对象设定目标值，计算标准化值并主观设定权重，通过加权算术平均法计算综合评价值，得出上海处于“中度”和谐状态。厦门大学的白洁提出了“社会和谐度”的概念，用以衡量社会和谐程度。社会和谐程度划分为三个方面：“社会冲突状况”、“社会对冲突的缓冲能力”以及“社会对冲突的平复能力”。较为有特色的是指标体系包含 32 个指标，但指标中不含经济指标，即认为经济指标不应该包含在和谐社会体系中。而且对社会和谐度进行评价时，不仅考虑了各地区的静态状况，而且考虑了其有效应对社会冲突、保持和谐状态的能力。

此外，还有一些专门为特定城市或地区建立的和谐社会统计指标体系，这样的指标更有针对性。下面以北京为例简单做一梳理。马士龙等在研究如何构建北京市和谐社会统计指标体系时认为，体系应包括两类客观指标和一类主观指标。两类客观指标分别是：社会冲突指标客观现状和社会冲突协调机制现状指标。一类主观指标是社会主体社会诉求指标。其中，社会冲突指标包括贫富差距、社会安定以及环境资源三个类别。社会冲突协调机制指标包括社会保障、舆情反映、民主法制、社会应急以及社会控制五个类别。主观指标，以问卷调查的形式取得，共包括对和谐社会认同度、幸福感、人的生活态度和价值观等六个方面。在此基础上，北京市在 2005 年开展的社情民意调查中对 2 113 人进行了“北京市和谐社会建设居民意向调查”，采用专家赋权法确定权重，编制了北京市和谐社会指数，结合 2000—2004 年统计资料，对北京市和谐社会状况进行了总体评价。结果显示：北京市和谐社会指数呈现平稳提升态势，年均增长率为 4.8%。北京市居民对北京市建设和谐社会态度是积极的。

此后，张孝鹏也提出了由两类客观指标和一类主观指标构建和谐社会统计指标体系的想法。两类客观指标是指经济社会发展和自然协调发展指标，一类主观指标是指对社会的主观诉求。其中，经济社会发展指标包括该地区的 GDP、消费者价格指数、财政收入等经济指标；自然协调发展指标包括森林覆盖率、空气质量优良率、饮用水达标率、主要污染物排放量等指标、主观诉求则包括基本生活状况、权益与保障、社会治安和社会诚信等指标。权重的选择采用了专家赋权法和指标比较法。

北京市统计局对北京市的民生问题进行了详细的研究，通过对国内各地区民生统计指标体系研究现状的分析，立足北京实际，从就业收入、福利保障、文化教育、健康医疗、居住交通、社会安全、资源环境这七个领域，涉及 126 个统计指标的民生统计指标体系的设计，基本建立了一套符合北京民生发展特点、突出反映其功能定位的民生统计指标体系。此外，根据民生建设具有明显的阶段性和动态性特点，在兼顾必要性和可能性的基础上，提出了完善民生统计指标体系建设的政策建议。

三、两型社会统计指标体系

两型社会是指“资源节约型、环境友好型社会”。资源节约型社会是指整个社会经济建立在节约资源的基础上，建设节约型社会的核心是节约资源，即在生产、流通、消费等各领域各环节，通过采取技术和管理等综合措施，厉行节约，不断提高资源利用效率，尽可能地减少资源消耗和环境代价满足人们日益增长的物质文化需求的发展模式。环境友好型社会是一种人与自然和谐共生的社会形态，其核心内涵是人类的生产和消费活动与自然生态系统协调可持续发展。

2007 年 12 月 14 日，国家发展与改革委员会正式批准武汉城市圈为全国“两型社会”综合配套改革试验区。短短两年间，圈内城市积极主导，地方政府倾力推动，中央部委殷切支持，大型企业激情投身，先行先试的武汉城市圈建设，在荆楚大地呈现勃勃生机。2008 年 8 月，国务院批准武汉城市圈建设总体方案。从重大项目到部省合作，从一体化探索到体制机制创新，短短两年间，武汉城市圈按照“资源节约型和环境友好型”的总体要求，在“两型”道路上迅速起步。在国家大力倡导建立两型社会的同时，对两型社会的指标体系研究也逐渐变得火热起来。

郭秀珍认为，资源节约型社会就是发展循环经济。把传统、单纯消耗资源的单向经济增长方式，即从资源到产品，再从产品到废弃物这样传统的经济增长方式，转变为依靠生态型资源循环来发展。对此，可以从两个层次去理解。第一层含义是相对于浪费而言，资源节约表现为低消耗、低环境污染和循环利用。第二层含义是在经济运行中对资源需求实行减量化，强调资源的使用效率。郭秀珍选取了6个子系统22个指标建立了资源节约型社会的指标体系，6个子系统分别为经济发展子系统、资源节约子系统、产业消耗子系统、消费子系统、科技支持子系统和环境支持子系统。她认为通过建立节约型社会统计指标体系，进而建立综合反映经济发展、社会进步、资源节约、环境保护等体现科学发展观、政绩观的指标体系，实现“政绩指标”与“绿色指标”的统一，彻底改变片面追求GDP增长的行为。长株潭两型社会建设的全线启动，引发了广大学者关于两型社会建设理论的深刻思索。陈黎明和欧文结合两型社会建设的特点以及可持续发展的要求，构建了一套涵盖经济、资源、环境和社会4个因子的指标体系，并确定了指标体系中各指标的目标值，最后对指标体系的完善、指标权重的确定以及评价监测的操作和实施进行了探讨。朱顺娟和郑伯红在全面理解“两型社会”科学内涵的基础上，构建一套包含5个一级指标、30个二级指标的“两型社会”评价指标体系，对各指标权数以及所要达到的目标值做出了合理界定，并借助这一指标体系，评价长沙、株洲和湘潭2005—2007年间“两型社会”的建设情况。李鑫以长沙、株洲和湘潭城市群为研究对象，采用归纳演绎法、调查研究法、量化值加权函数法等方法从经济发展水平、创新水平、资源节约与利用、环境生态、人口素质、社会和谐六个方面建立了长沙、株洲和湘潭“两型社会”的评价指标体系。该体系包含15个一级指标和53个二级指标，并对各指标权数以及所要达到的目标值做出了合理界定，拟借助这一指标体系，监测长沙、株洲和湘潭“两型社会”的建设现状。但目前对“两型社会”的讨论多集中于理论层面，缺乏像“和谐社会”指标体系那样的量化指标，主要属于定性分析，而定量的论证则很少。两型社会的指标体系研究可以很大程度地参考和谐社会及小康社会的研究成果，由于目标不尽相同，可以调整具体的指标从而建立体系。

从以上对小康社会统计指标体系、和谐社会统计指标体系和两型社会统计指标体系的介绍可以看出，国内在对社会统计指标体系的研究方面，无论是个人还是机构都存在以下两个共同特点：

第一，紧跟当时国内的政治形势。上面三种社会统计指标体系的探讨都是在当时社会政治方面，由高层先提出一种理论或政策，学术界和机构便紧跟潮流开展一系列相关研究，草率地得出某种结论或观点。学术界此种研究态度和做法的优点在于及时满足了社会有关方面对此的需求。但其带来的不利因素是，这种赶潮流式的研究往往是一哄而过，难以持久。上面三种社会统计指标体系，除了国家统计局对小康社会进程做了长期的跟踪监测外，其他鲜见有坚持长期的跟踪研究。这种做法不仅不利于对社会领域有关问题的认真彻底研究，也会对社会资源造成极大的浪费。这方面应当引起学术界及相关机构足够的重视。

第二，从前面的介绍看，在评价方法上没有创新，大多都采用综合评价法，而且赋权为了省事，大多用平均赋权；评价内容也大同小异。但是，各种类型的社会统计指标体系发表的研究成果却特别多，其差异只在指标的多少、侧重面的不同而已。产生这种现象的原因在于，社会统计指标体系及其评价方法本身就是一个主观性特别强的研究课题。不同的人或机构，只要所占的角度不同，都会得出自己的观点或结论，而且现实中也很难做出哪种观点为最佳的评判。

第四节　中外社会统计指标体系之比较

从上一章和本章对国内外有关社会统计指标体系的阐述情况看，国内外在这一领域的研究既有共同之处，有存在一些明显的差异。对比中外社会统计指标体系研究之特点，将有助于我们进一步开展对我国社会统计指标体系完善的研究。

国际组织和一些国家的机构或个人对于社会（统计）指标研究的历史远比国内长，而且也较为成熟。由于不同的研究者其研究目的和研究角度不同，在指标的选取标准和数量方面存在很大差异。比如，有的机构所设置的指标多达几十个甚至上百个，但有的机构则只有几个。随着社会统计指标研究的不断深入，国际组织和国外机构或个人所显示出的另一个重要特点就是，它们越来越注重将客观指标和主观指标加以结合研究，而且主观指标所占的比重不断提高。这些组织或个人在开展社会调查方面的一些科学做法也值得国内学习。

相对于国际组织和国外机构或个人，国内在社会（统计）指标的研究方面存在不足。一是起步晚和时间短，再就是缺少稳定性、连续型和持久性，呈现一种跟风思潮。往往是随着高层领导的更替，出现一种新的理念或提法，便涌现出一大批研究文章，随后则不了了之。二是在社会统计指标体系的设置方面没有突出社会的核心地位，而是偏重于（至少是）经济指标，没有正确处理好社会、经济和生态环境等之间的关系。此外，多数指标体系所选定的指标过多，这也为实证研究增加了困难和成本。

第五章

我国社会统计指标体系的构建

对于社会统计指标的研究，除了需要在理论范畴进行一定的阐述外，还需要在别人研究的基础上，构建出较为科学、完善，并能得到多数专家学者认可的指标体系。在此基础上，开展对我国社会发展状况的实证分析研究，得出相应的观点和结论，助力人们正确认识当前社会发展的现状和未来发展的趋势，并为相关部门制定社会政策和实行社会管理提供帮助。

第一节 构建我国社会统计指标体系的原则

一、以“社会”的本质为核心原则

社会统计指标应当以反映社会发展状况为本。社会的本质是人和组织形式。其中，人确定了社会的规模和活动状态；组织形式决定了社会的性质和生产关系。因此，社会统计指标体系应当紧紧围绕社会的本质——“人”和“社会组织”这个核心，确定哪些指标应成为社会统计指标体系的构成要素。在此基础上，兼顾社会存在与发展的条件，主要是经济、科技条件和资源环境条件。由此形成一个环形指标体系，见图 5-1。

二、全面与简要相结合原则

坚持全面与简要相结合原则就是要做到：凡是能反映社会发展状况和特点的指标，要尽可能全面地纳入指标体系，但同时要避免以往指标体系包含指标过多过乱的现象发生。我们所构建的社会统计指标体系，一方面，在指

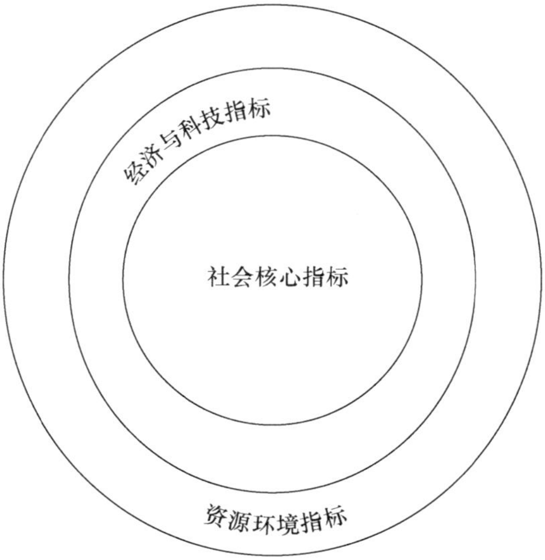

图 5-1　社会统计指标体系构成

标体系的层次上不要太多，一般以大类、中类和小类三层为宜；另一方面，每类指标不要选取得太多，应当挑选那些最能反映社会本质特征的少数指标。此外，为了突出反映社会的本质特征，对于反映社会存在与发展条件的指标应当尽可能少选。

三、需要与可得相结合原则

在确定哪些指标进入指标体系时，既要考虑被选定的指标是否必要，还要考虑到这些指标数值在目前统计状态下是否可以获取到。对于那些尽管有必要但暂时无法获取数值的指标，尽量不要将其纳入指标体系，否则将是无源之水，或是只能依靠缺乏科学依据的方法获取一些推算数据。比如，对于一些主观性特别强的统计指标，当调查的力量和水平，以及社会公众的认知程度尚未达到能够取得可信的数据时，暂时就不应当将这些指标置于统计指标体系。

依照这一原则，我们将从国家统计局目前已经开展的统计调查中筛选出属于社会属性的那些指标，构建一套完整的社会统计指标体系，以保证能够获取相应的统计数据，便于进一步进行实证研究。

四、便于比较原则

人们在对自身社会发展状况进行了解的同时，总是要与周围的社会相比较（如国与国之间、地区与地区之间、家庭与家庭之间等）。因此，在选择社会统计指标时要充分考虑到在不同社会之间进行比较的需要，使人们能够更加全面地了解自身及其周围社会发展的状况。

五、可持续性原则

鉴于国内有关社会统计的很多理论研究与实证分析只是一次性研究或短暂跟风，我们提出所构建的社会统计指标体系一定要具有可持续性，即一旦指标体系得以建立就要进行长期的跟踪研究，以反映我们的社会在一个较长时期内的发展状况，并对其特征、规律性及趋势进行分析研究。

六、前瞻性原则

依据社会总是不断向前发展的客观事实，在选择指标时要具有一定的前瞻性，即一方面要选择那些在当前和将来一定时期内都有必要的社会指标，另一方面要研究有哪些暂时尚未纳入社会统计指标体系但将来有可能反映社会状况的重要指标，并对其进行留心观察，以便为日后指标的更迭做储备。

第二节 构建社会统计指标体系的思路和方法

所谓社会统计指标体系是将若干个反映社会问题以及与之有密切关系的统计指标加以组合而形成的有机整体。在构建一个完善的社会统计指标体系时，除了需要严格遵循上述基本原则外，还应当有明确的思路和方法。

我们构建社会统计指标体系的基本思路和方法是，以社会的本质（人和组织形式）为重心，以社会存在和发展的外围条件（经济与科技、资源与环境）为辅，建立一个将二者有机结合的社会统计指标体系。根据这一基本思路，整个指标体系共由33个指标构成。其中，社会核心指标子系统由人口与家庭、劳动与就业、收入与分配、生活质量、教育医疗卫生以及文化和社会保障、社会安全与社会活动参与状况等6个方面22项指标组成；经济与科技子系统由经济和科技两个方面6项指标组成；资源与环境子系统由资源和环境两个方面5个指标构成。

每个子系统从众多的备选指标中选取那些代表性强、易于获取和计算的指标。每项指标都按照"（1）指标名称、（2）计算方法、（3）统计口径、（4）数据来源"的方式加以介绍，以体现"数出有据"的统计理念，并为后面的实证分析奠定基础。

第三节　我国社会统计指标体系的构建

一、经济与科技子系统

经济与科技是推动人类社会不断发展与进步的两个重要因素。一定时期内人们的生活状况、社会组织管理水平在很大程度上与该时期的经济发展水平和科技水平密切相关。比如，目前互联网的蓬勃发展既为人们生活带来了极大的便利，也为提升社会管理水平创造了条件。因此，要想建立一个全面而科学的社会统计指标体系，不能不将经济与科技的因素考虑进去。但是，由于经济与科技毕竟是人类社会生存和发展的条件，而并非是核心内容，因此，在选择这类指标时，在数量上不宜过多。

基于上述，我们选择了如下6个指标，占整个社会统计指标体系的18%。它们的相关内容分别如下，其中各指标序号，同社会统计指标体系中对应序号（见表5-2）。

（一）经济类指标

1．人均GDP

（1）指标概念。国内生产总值（GDP）是按市场价格计算的一个国家（或地区）所有常住单位在一定时期内生产活动的最终成果。

人均GDP是指一个国家或地区，在核算期内（通常为一年）实现的GDP与所辖范围内的常住人口的比值。

人均 GDP 是衡量一个国家或地区某个时期内生产水平的指标，该指标通过经济指标与人口指标相结合的方式，全面、准确地衡量一个国家（或地区）的经济发展状况。

（2）计算方法。将一个国家核算期内（通常是一年）实现 GDP 与这个国家的平均常住人口相比，得到人均国内生产总值。计算公式为：

$$\text{人均 GDP}=\frac{\text{GDP}}{\text{平均人口}} \tag{5.1}$$

其中平均人口的计算：如果一年内有每个月的人口数据资料，平均人口则用各月人口数求和后除以 12；如果没有月度人口资料，则采用年初人口数和年末人口数求和后除以 2 的方法计算。

（3）统计口径。人均 GDP 的人口数，采用常住人口。

（4）数据来源。各年 GDP 来自《中国统计年鉴（2015）》第三部分“国民经济核算”中表 3-1“国内生产总值”的“国内生产总值”；人口数来自《中国统计年鉴（2015）》第二部分“人口”中表 2-1“人口数及构成”中的“总人口（年末）”。

2. 第三产业增加值占 GDP 比重

（1）指标概念。第三产业是在社会再生产过程中为生产和消费提供各种服务的部门，包括除第一和第二产业外所有的其他行业。

第三产业增加值占 GDP 比重是指第三产业增加值同当年 GDP 的比值，描述了第三产业对于 GDP 的贡献大小。

（2）计算方法。

$$\text{第三产业增加值占 GDP 比重}=\frac{\text{第三产业增加值}}{\text{GDP}}\times 100\% \tag{5.2}$$

（3）数据来源。第三产业增加值占 GDP 比重来自《中国统计年鉴（2015）》第三部分“国民经济核算”中表 3-2“国内生产总值构成”。

3. 城镇化率

（1）指标概念。城镇化是人口由农村向城市迁移聚集的过程，同时又表现为地域景观的变化、产业结构的转变、生产生活方式的变革，是人口、地域、社会经济组织形式和生产生活方式由传统的乡村型社会向现代城市化社会转变的多方面内容综合统一的过程，是一个国家或地区经济社会发展进步的主要反映和重要标志。

城镇化率（又称城市化率、城市化度、城市化水平、城市化指标）是一个国家（或地区）城镇人口占总人口的比重，通常用百分比来表示。

（2）计算方法。

$$\text{城镇化率}=\frac{\text{城镇人口数}}{\text{总人口数}}\times 100\% \tag{5.3}$$

（3）统计口径。城镇人口数的统计口径目前有两种，一种是按照常住人口计算，一种是按照户籍人口计算。

（4）数据来源。城镇人口数和总人口数分别来自《中国统计年鉴（2015）》第二部分“人口”中表2-1“人口数及构成”。

4. 全员社会劳动生产率

（1）指标概念。一个国家（或地区）的就业人员全员社会劳动生产率指该国家（或地区）在一定时期内的GDP与全部就业人员的平均人数之比。反映该国家（或地区）平均每一个就业人员在单位时间内所创造的生产价值，代表全社会在一定时期的劳动生产水平。

（2）计算方法。计算公式为：

$$\begin{array}{c}\text{一个国家(或地区)一定时期内的}\\ \text{全员社会劳动生产率}\end{array}=\frac{\text{该国(或地区)一定时期 GDP}}{\text{全部就业人员平均人数}}\times 100\% \tag{5.4}$$

（3）统计口径。为了使各年度的就业人员全员社会劳动生产率数值可比，各年全员劳动生产率分子的GDP均按2000年不变价格计算。

（4）数据来源。公式（5.4）中的GDP来自《中国统计年鉴（2015）》第三部分“国民经济核算”中表3-3“不变价国内生产总值”中的“国内生产总值”。并按统计方法统一折算成按2000年不变价格计算的GDP。全部就业人员数来自《中国统计年鉴（2015）》第四部分“就业人员和职工工资”中表4-1“就业基本情况”中的“就业人员合计”。

5. 通货膨胀率

（1）指标概念。通货膨胀是指因货币供给大于货币实际需求，即现实购买力大于产出供给导致货币贬值而引起的一段时间内物价持续而普遍地上涨的现象。通货膨胀率是货币超发行部分与实际需要的货币量之比，用以反映通货膨胀、货币贬值的程度。

经济学上，通货膨胀率表现为物价平均水平的上升速度，进而导致货币购买力的下降幅度。

（2）计算方法。在实际中，一般不直接（也不可能）计算通货膨胀，而是通过价格指数来间接表示。目前，世界各国基本上采用消费者价格指数（我国称居民消费价格指数），即 CPI 来反映通货膨胀的程度。通货膨胀率即为价格指数的增长率。

（3）统计口径。公式中的基期就是选定某年的物价水平作为一个参照，这样就可以把其他各期的物价水平与基期水平进行对比，从而衡量现今的通货膨胀水平。

（4）数据来源。该指标数据来自《中国统计年鉴（2015）》第五部分“价格”中表 5-1“各种价格指数”中的“居民消费价格指数”。

（二）科技类指标

6. 研发经费支出占 GDP 比重

（1）指标概念。研发经费支出占 GDP 的比重是指用于研究与试验发展（R&D）活动的经费支出与 GDP 的比值。R&D 活动指在科学技术领域，为增加知识总量以及运用这些知识去创造新的应用而进行的系统的创造性的活动，包括基础研究、应用研究和试验发展三类活动。

（2）计算方法。

$$\text{研发经费支出占 GDP 比重}=\frac{\text{R\&D 活动经费支出}}{\text{GDP}}\times 100\% \qquad (5.5)$$

（3）统计口径。统计范围是各级各部门（县及县以上）所属国有独立核算的科学研究与技术开发机构、科技情报与文献机构、全日制普通高校、国防科技工业系统的科学研究与技术开发机构及科技情报与文献机构、大中型工业企业、综合技术服务机构。

（4）数据来源。R&D 经费支出占 GDP 的比重来自《中国统计年鉴（2015）》第二十部分“科学技术”中表 20-1“科技活动基本情况”中的“R&D 经费支出与国内生产总值之比”部分。

二、社会核心子系统

如前所述，所谓社会统计指标体系应当以社会为核心。只有这样，才能真正捕捉到该指标体系的灵魂。因此，构建和完善我国社会统计指标体系，就要以社会指标为核心。具体表现就是，在指标的定性方面要紧紧围绕社会的本质确定入围指标；在指标的数量方面要多于经济与科技、资源环境等两类指标。

基于上述，我们对社会核心子系统选择了如下 22 个指标，占整个社会统计指标体系的67%。它们的相关内容分别为：

（一）人口与家庭指标

7. 总人口性别比

（1）指标概念。人口性别比（或称性比例）是人口学上关于社会或国家男女人口数量的一种比率，基本上以每100位女性所对应的男性数目为计算标准。

一个社会的人口只有在性别构成方面保持合理的比例，才能保持人口正常地繁衍发展，社会才能不断地延续发展和进步。在人口统计学上，一般正常范围则在102至107之间。高于或低于这个区间，背后则可能隐含了不利于人口正常繁衍的环境、社会、医疗等因素。中国已经成为世界上出生性别比失衡较为严重、持续时间较长的国家之一。近年来，我国从法律保障、政策调整、传统观念、督查指导等方面进行指导以保证出生人口性别比的合理化。

（2）计算方法。目前有两种方法，分别如式5.6、式5.7所示：

女性人口数：男性人口数 ＝ 100：X（X表示每100位女性对应的男性人口数） (5.6)

$$人口性别比=\frac{男性人数}{女性人数} \tag{5.7}$$

（3）统计口径。总人口性别比的统计对象为总人口。

（4）数据来源。数据来自《中国统计年鉴（2015）》第二部分“人口”中表2-1“人口数及构成”。

8. 人口年龄构成（少年儿童人口、中年人口和老年人口比重）

（1）指标概念。人口年龄构成是指一个国家（或地区），在某一时点各个年龄组人口在其总人口中所占的比重。通常用各个年龄组人口在总人口中所占的百分比表示。

年龄构成是人口群体最基本、最重要的特征之一，是研究人口的出生、死亡、婚姻、再生产等一系列生命现象所不可缺少的依据。人口年龄构成对许多社会、经济活动也产生深刻影响，是确定劳动力与被抚养人口的基本指标，也是国家制定各项政策，如生产、消费、就业、教育、兵役、社会福利等的重要依据。

“人口金字塔”是最形象、直观地表现人口年龄构成的工具。

（2）计算方法。

$$少年儿童人口比重=\frac{0\sim14岁人口数}{总人口数}\times100\% \tag{5.8}$$

$$中年人口比重=\frac{15\sim64岁人口数}{总人口数}\times100\% \tag{5.9}$$

$$老年人口比重=\frac{65岁以上人口数}{总人口数}\times100\% \tag{5.10}$$

（3）统计口径。人口年龄的分组可以是 1 周岁一组（不满 1 周岁为 0 岁组），5 周岁一组（0～4、5～9、10～14、……），10 周岁一组（0～9、10～19、……），等等。

根据不同年龄人口在社会经济生活中的地位与作用，在人口统计中常用以下年龄分组（见表 5-1）：

表 5-1　　常用的人口不同年龄分组

年龄	组别
0 岁	婴儿组
1～3 岁	幼儿组
4～6 岁	学龄前儿童组
7～12 岁	学龄儿童组
13～15 岁	劳动力后备组
16～60 岁（男） 16～55 岁（女）	劳动年龄组
60 岁以上（男） 55 岁以上（女）	老年人口组

（4）数据来源。该指标的各项数据来自《中国统计年鉴（2015）》第二部分："人口"中表 2-3"人口年龄结构和抚养比"中的"0～14 岁比重"、"15～64岁比重"和"65 岁以上比重"。

9. **人口预期寿命（分性别）**

（1）指标概念。人口平均预期寿命是指假若当前的分年龄死亡率保持不变，同一时期出生的人预期能继续生存的平均年数。它以当前分年龄死亡率为基础计算，但实际上，死亡率是不断变化的，因此，平均预期寿命是一个假定的指标。

人口平均预期寿命是我们最常用的预期寿命指标，它表明了新出生人口平均预期可存活的年数，是度量人口健康状况的一个重要的指标，是衡量一个社会的经济发展水平及医疗卫生服务水平的指标。

（2）计算方法。人口平均预期寿命的计算要用到一连串的数学公式。如果用文字来描述，则计算人口平均预期寿命的方法就是：对同时出生的一批人进行追踪调查，分别记下他（她）们在各年龄段的死亡人数直至最后一个人的寿命结束，然后根据这一批人活到各种不同年龄的人数来计算人口的平均寿命。用这批人的平均寿命来假设一代人的平均寿命即为平均预期寿命。

由于事实上要跟踪同时出生的一批人的整个完整的生命过程有很大的困难，在实际计算时，往往可以利用同一年各年龄人口的死亡率水平，来代替同一代人在不同年龄的死亡率水平，然后计算出各年龄人口的平均生存人数，由此推算出这一年的人口平均预期寿命。因此，人口的平均预期寿命与同时代的死亡率水平有关。

（3）统计口径。这个指标与性别、年龄、种族有着紧密的联系，因此常常需要分别计算。

（4）数据来源。该指标数据来自于世界银行 WDI 数据库中的中国“出生时的预期寿命”。

10. 人口自然增长率

（1）指标概念。人口自然增长率是指在一定时期内人口自然增加数与该时期内平均人数（或期中人数）之比。一般用千分率表示，反映该时期每千人中由于人口的自然因素增加人数所占比重。当全年出生人数超过死亡人数时，人口自然增长率为正值，当全年死亡人数超过出生人数时，则为负值。因此，人口自然增长水平取决于出生率和死亡率之间的相对水平，它是反映人口再生产活动的综合性指标，是反映人口发展速度和制订人口计划的重要指标，也是计划生育统计中的一个重要指标，它表明人口自然增长的程度和趋势。

（2）计算方法。计算公式为：

$$\begin{aligned}\text{人口自然增长率}&=\frac{\text{年内新出生人数}-\text{年内死亡人数}}{\text{年平均人口数}}\times 1\,000‰\\&=\text{人口出生率}-\text{人口死亡率}\end{aligned}\tag{5.11}$$

（3）统计口径。人口自然增加数是指在一定时期内（通常为一年）的出生人数减去死亡人数。

（4）数据来源。该项指标数据来自《中国统计年鉴（2015）》第二部分“人口”中表 2-2“人口出生率、死亡率和自然增长率”中的“自然增长率”。

11. 粗离婚率

（1）指标概念。粗离婚率是指一个国家或地区在一定时期内（一般为年度）离婚对数占该国或地区该时期平均人口的比重。通常以千分率表示。粗离婚率是反映某时期婚姻解体状况的一个敏感指标，也是正确评估婚姻和谐与家庭离散趋势的重要依据之一。近十年来，中国的粗离婚率呈上升趋势，从 2005 年的 1.37‰逐年上升到 2014 年的 2.67‰。

（2）计算方法。计算公式为：

$$粗离婚率=\frac{当年离婚对数}{年平均人口数}\times 1\,000‰ \tag{5.12}$$

（3）数据来源。该项指标数据来自《中国统计年鉴（2015）》第二十二部分“卫生和社会服务”中表 22-33“婚姻服务情况”中的“粗离婚率”。

（二）劳动与就业

12. 失业率（城镇登记失业率）

（1）指标概念。失业率是指失业人口（一定时期全部劳动人口中有工作意愿而仍未有工作的劳动力数字）占劳动人口的比率，旨在衡量闲置中的劳动产能，是反映一个国家或地区失业状况的主要指标。通过该指标可以判断一定时期内全部劳动人口的就业情况。

（2）计算方法。计算公式为：

$$计算公式为：失业率=\frac{失业人数}{劳动力资源总数}\times 100\%$$

或

$$失业率=\frac{失业人数}{就业人数+失业人数}\times 100\% \tag{5.13}$$

（3）统计口径及有关说明。目前，我国官方对外正式公布的是城镇登记失业率。

城镇登记失业率是指城镇登记失业人员与城镇单位就业人员（扣除使用的农村劳动力、聘用的离退休人员、港澳台及外方人员）、城镇单位中的不在岗职工、城镇私营业主、个体户主、城镇私营企业和个体就业人员、城镇登记失业人员之和的比。

城镇登记失业率和失业率是两种统计口径有很大不同的概念，使用的统计方法也不同。中国公布的城镇失业率是登记失业率，它是劳动保障部门就业服务机构对失业人员登记统计汇总的结果。应该说，城镇登记失业率，只是为政府制定城镇的就业政策提供了主要参考依据，现实中的实际失业率要高于登记失业率。

随着我国有关劳动就业统计制度的不断完善，将会用调查失业率取代城镇登记失业率。在统计范围上也不再局限于城镇范围，而应当是全国城乡一体化地进行统计。

鉴于目前很难获取调查失业率的数据，本书只好暂时用城镇登记失业率代替失业率。一旦时机成熟，将会用调查失业率取代城镇登记失业率。

（4）数据来源。城镇登记失业率指标数据来自《中国统计年鉴（2015）》第四部分“就业和工资”中表4-1“就业基本情况”中的“城镇登记失业率”。

（三）收入与收入分配指标

13. 人均可支配收入

（1）指标概念。人均可支配收入是指将一定时期居民家庭的可支配收入总额除以该时期居民家庭平均人口所得的平均数，反映了该时期居民可支配收入所达到的一般水平。

居民可支配收入是指居民可用于最终消费支出和储蓄的总和，即居民可用于自由支配的收入。按照收入的来源，可支配收入包括工资性收入、经营性净收入、财产性净收入和转移性净收入等四项收入。

（2）计算方法。计算公式为：

$$人均可支配收入=\frac{居民可支配收入总额}{居民家庭平均人口数} \tag{5.14}$$

（3）统计口径。由于我国目前有关居民人均可支配收入指标仍分别按城镇居民人均可支配收入和农村居民人均纯收入两个口径对外发布，因此，在计算全国居民人均可支配收入时需要对城镇居民家庭可支配收入和农村居民家庭纯收入有所了解和处理。

所谓城镇居民家庭可支配收入是指家庭成员得到可用于最终消费支出和储蓄的总和，即城镇居民家庭可用于自由支配的收入。它是城镇家庭总收入扣除缴纳的个人所得税、个人缴纳的社会保障支出以及记账补贴后的收入。农村居民家庭纯收入是指当年从各个来源得到的总收入相应地扣除所发生的费用后的收入总和。

在一定时期内，由于物价上涨的因素，使得相同的货币所能购买到的生活消费品和社会服务的数量与基期相比相应减少，造成货币的购买力下降，货币贬值。因此，在计算不同时期居民人均可支配收入时，必须扣除价格因素的影响。本书以2000年不变价格计算各年份居民人均可支配收入。

（4）数据来源。该指标数据来自《中国统计年鉴（2015）》第六部分“人民生活”中表6-6“城乡居民人均收入”中的“城镇居民人均可支配收入”和

“农村居民人均纯收入”—“指数（1978＝100）”。然后按城乡平均人口加权平均，得到全国居民的人均可支配收入。

14. 基尼系数

（1）指标概念。基尼系数是20世纪初意大利经济学家基尼，根据洛伦兹曲线所定义的判断收入分配公平程度的指标。该指标的取值范围在0和1之间，是国际上用来综合考察居民内部收入分配差异状况的一个重要分析指标。

假设实际收入分配曲线和收入分配绝对平等曲线之间的面积为A，实际收入分配曲线右下方的面积为B。并以A除以（$A+B$）的商表示不平等程度。这个数值被称为基尼系数或称洛伦兹系数（见图5-2）。

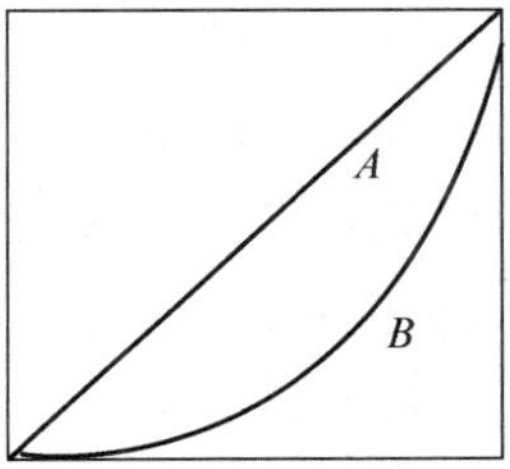

图5-2 洛伦兹曲线

如果A为零，基尼系数为零，表示收入分配完全平等；如果B为零则系数为1，收入分配绝对不平等。根据联合国有关组织所规定的标准，一个国家或地区的基尼系数如果小于0.2，表明该国或地区的收入分配绝对平均；如果在0.2～0.3之间，则表明收入分配比较平均；如果在0.3～0.4之间，则表明收入分配相对合理；如果在0.4～0.5之间，则表明收入分配差距较大；如果大于0.5，则表明收入分配差距悬殊。国际上通常把0.4作为贫富差距的警戒线。居民收入分配的基尼系数如果超过了这个警戒线，相关部门对于收入分配的差距以及由此所引发的其他社会问题应当予以足够的重视。

（2）计算方法。计算公式为：

$$基尼系数=\frac{A}{A+B} \tag{5.15}$$

（3）数据来源。2000年数据摘自《中国统计年鉴（2001）》；2003—2012年数据来自国家统计局原局长马建堂于2013年1月18日新闻发布会上公布的数据；2013和2014年数据分别来自国家统计局官方网站“统计数据”模块下的“最新发布”栏目中的文章：《2013年国民经济发展稳中向好》（2014年1月20日）和《2014年国民经济在新常态下平稳运行》（2015年1月20日）。

（四）生活质量指标

15. 恩格尔系数

（1）指标概念。恩格尔系数是指食品消费支出总额占个人消费支出总额的比重。恩格尔系数是国际上通用的衡量居民生活水平高低的一项重要指标，指标数值一般随居民家庭收入和生活水平的提高而下降。

（2）计算方法。恩格尔系数是一个用比例表示居民生活水平高低的统计评价指标，其计算公式为：

$$\text{恩格尔系数}=\frac{\text{食品支出总额}}{\text{消费支出总额}}\times 100\% \tag{5.16}$$

联合国根据恩格尔系数的大小，对世界各国的生活水平有一个划分标准，即一个国家平均家庭恩格尔系数大于60%为绝对贫困；50%～60%为温饱；40%～50%为小康；30%～40%属于相对富裕；20%～30%为富裕；20%以下为极其富裕。

（3）统计口径。2012年第四季度以前，我国国家统计局对城乡住户分别进行调查（包括收入和支出）。由于调查范围、调查方法和指标口径等均有所不同，所以，城乡之间的调查数据是不完全可比的。因此，在对恩格尔系数这一指标进行分析的过程中，应当结合“城镇居民家庭恩格尔系数”及“农村居民家庭恩格尔系数”两个指标进行综合分析。

①“城镇居民家庭恩格尔系数”指城镇居民家庭中食品支出在现金消费支出中所占的比例。计算公式为：

$$\text{城镇居民家庭恩格尔系数}=\frac{\text{城镇居民家庭食品支出}}{\text{城镇居民家庭现金消费支出}}\times 100\% \tag{5.17}$$

其中，城镇居民家庭现金消费支出指家庭用于日常生活的全部现金支出，包括食品、衣着、居住、家庭设备及用品、交通通信、文教娱乐、医疗保健、其他等八大类支出。

②“农村居民家庭恩格尔系数”指农村居民家庭中食品支出在消费支出中所占的比例。计算公式为：

$$\text{农村居民家庭恩格尔系数}=\frac{\text{农村居民家庭食品支出}}{\text{农村居民家庭消费支出}}\times 100\% \tag{5.18}$$

其中，农村居民家庭消费支出指家庭用于日常生活的全部支出，包括食品、衣着、居住、家庭设备及用品、交通通信、文教娱乐、医疗保健、其他等八大类支出。

从2012年第四季度起，国家统计局对分别进行城乡住户调查的调查方式实施了一体化改革，规范了城乡划分范围，统一了城乡居民收入指标、分类和统计标准，建立了城乡统一的一体化住户调查，并据此采集全国居民有关数据。由此，2013 年前后的有关数据需要进行必要的调整。

（4）数据来源。2013 年以后，国家统计局开展城乡一体化住户收支与生活状况调查。其中，2000—2013 年的数据来自于《中国统计年鉴（2014）》第六部分“人民生活”表 6-4“城城乡居民人均收入及恩格尔系数”中的“城镇居民恩格尔系数”、“农村居民恩格尔系数”，并用城乡平均人口加权平均得到全国居民的恩格尔系数。2014 年的数据来自于《中国统计年鉴（2015）》第六部分“人民生活”表 6-1“全国居民人均收支情况”中的“全国居民人均支出”—“现金消费支出”—“食品烟酒”，“食品烟酒”与“现金消费支出”之比即为恩格尔系数。

16. 人均住房建筑面积

（1）指标概念。人均住房建筑面积用“城镇居民人均住房建筑面积”及“农村居民人均住房面积”两个指标进行衡量。城镇居民人均住房建筑面积是指按城镇居住人口计算的平均每个城镇居民拥有的住房建筑面积。农村居民人均住房面积是指按居住人口计算的平均每个农村居民拥有的住房面积。由“城镇居民人均住房建筑面积”及“农村居民人均住房面积”两个指标组成的“人均住房建筑面积”指标通过对居民居住条件的衡量反映了居民生活水平的高低。

（2）计算方法。

$$\text{城镇居民人均住房建筑面积}=\frac{\text{城镇住房建筑面积}}{\text{城镇居住人口}} \tag{5.19}$$

$$\text{农村居民人均住房面积}=\frac{\text{农村住房面积}}{\text{农村居住人口}} \tag{5.20}$$

（3）统计口径。城镇居民人均住房建筑面积中“城镇住房建筑面积”是指城镇内供人居住使用的房屋建筑面积，包括企事业、机关、团体等的集体宿舍和家属宿舍。“城镇居住人口”是指居住在城镇范围内的全部常住人口。

农村居民人均住房面积中的“农村住房面积”是指农村内供农村居民居住使用的房屋面积。“农村居住人口”指除了城镇居住人口之外的全部人口。

（4）数据来源。该项指标 2000—2012 年数据来自《中国统计年鉴（2013）》第十一部分“人民生活”表 11-31“城乡新建住宅面积和居民住房情况”中的“城镇居民人均住房建筑面积”及“农村居民人均住房面积”，2013年及2014年数据为以时间序号为自变量进行回归从而预测得出的估计数。

17. 人均消费水平

（1）指标概念。人均消费水平是指一定时期内按常住人口计算的居民平均最终消费支出，它是衡量该时期居民生活水平高低的重要指标。其中，最终消费支出既包括现金消费支出，也包括实物消费支出。

（2）计算方法。

$$人均消费水平=\frac{居民最终消费支出}{常住平均人口} \tag{5.21}$$

该项指标在进行历史数据对比分析时，为真实反映居民消费水平的改变状况，应当剔除物价因素的影响，按2000年不变价格计算历年居民的消费水平。

（3）数据来源。该项统计指标的数据来自《中国统计年鉴（2015）》第三部分“国民经济核算”中表3-18“居民消费水平”。从表中“绝对数”—“全体居民”获得2000年的人均消费水平数据；之后年份的数据则按2000年不变价格计算，利用表中“指数（1978=100）”—“全体居民”与2000年的绝对数进行计算可得。

18. 每百人互联网使用人数

（1）指标概念。每百人互联网使用人数是一个时点数，指某一时点一个国家或地区范围内平均每100人中使用固定宽带互联网的人数。[1]通过对居民使用互联网状况的测度，可以了解居民在利用互联网改变个人生活模式方面的状况，以体现整个社会的发展变化状况和趋势。

（2）计算方法。

$$每百人互联网使用人数=\frac{使用固定宽带互联网人数}{总人口}\times 100 \tag{5.22}$$

（3）数据来源。该项指标数据可以来自世界银行数据库（The World Bank Data）中的基础设施建设部分（infrastructure）：每百人互联网使用人数［fixed broadband internet subscribers（per 100 people）］。

---

［1］ 随着手机互联网使用人数的不断增加，该项指标的定义、统计口径、计算公式和实际数据将会发生变化。

（五）教育、医疗卫生以及文化指标

19. 平均受教育年限

（1）指标概念。平均受教育年限是指一个国家或地区6岁以上居民接受学历教育（包括普通教育和成人学历教育，不包括各种非学历培训）的年限总和的平均数。普通教育包括：普通小学、普通初中、普通高中、职业初中、职业高中、中等专业学校、技工学校、大学专科、大学本科、硕士研究生、博士研究生等。该指标反映了一个国家或地区劳动力受教育程度及国民整体素质状况。

（2）计算方法。

$$\text{平均受教育年限}=\frac{\text{6岁以上居民受教育年限之和}}{\text{6岁以上居民总人数}} \tag{5.23}$$

其中，$$\begin{matrix}\text{6岁以上居民}\\\text{受教育年限之和}\end{matrix}=\sum\left(\begin{matrix}\text{接受各阶段教育的}\\\text{6岁以上居民人数}\end{matrix}\times\begin{matrix}\text{该阶段受}\\\text{教育年限}\end{matrix}\right)$$

（3）统计口径。对各阶段受教育年限估计如下：具有普通小学教育程度的平均受教育年限6年，具有初中教育程度的平均受教育年限9年，具有高中教育程度的平均受教育年限12年，具有大学专科教育程度的平均受教育年限15年，具有大学本科教育程度的平均受教育年限16年，具有硕士研究生教育程度的平均受教育年限18年。6岁以上居民是指一个国家或地区年龄在6岁以上的所有城镇及农村居民的总和。

（4）数据来源。该项指标中所涉及的各种数据可来自《中国2010年人口普查资料》第四卷《受教育程度》中表4-1“全国分年龄、性别、受教育程度的6岁及以上人口”，2000年及2010年平均受教育年限分别为7.6年/人和8.8年/人，求得2000—2010年十年间平均受教育年限平均发展速度为$\sqrt[10]{(8.8/7.6)}\approx1.015$。以1.015为2000—2010年平均增长速度对历年平均受教育年限指标数值进行推算。

20. 小学学龄儿童净入学率

（1）指标概念。小学学龄儿童净入学率是指一个国家或地区内已入小学学习的学龄儿童占校内外学龄儿童总数的比重。该指标反映了一个国家或地区基础教育的普及程度，衡量了未来劳动力教育程度及国民素质水平。

（2）计算方法。

$$\text{小学学龄儿童净入学率}=\frac{\text{已入学的小学学龄儿童数}}{\text{校内外小学学龄儿童总数}}\times100\% \tag{5.24}$$

（3）统计口径。"学龄儿童"指符合普及义务教育入学年龄阶段的儿童。根据《中华人民共和国义务教育法》的相关规定，凡年满六周岁的儿童，条件不具备的地区可以推迟到七周岁的儿童均达到学龄儿童的年龄标准。"已入学的小学学龄儿童数"指一个国家或地区内已登记注册并接受教育的"学龄儿童"总数。"校内外小学学龄儿童总数"指一个国家或地区内所有"学龄儿童"总数。

（4）数据来源。该指标数据可以来自《中国统计年鉴（2015）》第二十一部分"教育"中表 21-23"学龄儿童净入学率和各级普通学校毕业生升学率"中的"小学学龄儿童净入学率"。

21. 国家财政性教育经费支出占 GDP 的比重

（1）指标概念。财政性教育经费支出占 GDP 的比重是指一定时期（通常为一年）内一个国家或地区支出的财政性教育经费总额与 GDP 的比值。该指标反映该国家或地区在经济社会发展过程中政府对教育的重视程度，是该国家或地区未来发展能力与水平的体现。

（2）计算方法。

$$\begin{matrix}\text{财政性教育经费}\\\text{支出占 GDP 比重}\end{matrix}=\frac{\text{某年财政性教育经费支出}}{\text{当年 GDP}}\times 100\% \tag{5.25}$$

（3）统计口径。国家财政性教育经费包括公共财政预算教育经费、各级政府征收用于教育的税费、企业办学中的企业拨款、校办产业和社会服务收入用于教育的经费，以及其他属于国家财政性教育经费的款项。当年 GDP 即为以当年价格核算的国内生产总值。

（4）数据来源。国家财政性教育支出 2000—2013 年数据来自《中国统计年鉴（2015）》第二十一部分"教育"中表 21-33"教育经费情况"中的"国家财政性教育经费"；2014 年数据来自《2014 年全国教育经费执行情况统计公告》第一部分"全国教育经费情况"。国内生产总值数据来自《中国统计年鉴（2015）》第三部分"国民经济核算"中表 3-1"国内生产总值"中的"国内生产总值"。

22. 政府卫生支出占卫生总费用的比重

（1）指标概念。政府卫生支出占卫生总费用的比重是指一定时期内一个国家或地区各级政府用于医疗卫生服务、医疗保障补助、卫生和医疗保险行政管理、人口与计划生育事务支出等各项事业的经费占全社会在医疗卫生服务上所消耗的资金总额的比重。该指标反映了国家对医疗卫生事业的重视程度与投入力度，体现了卫生保健体制的公平与效率，衡量了卫生保障体系的发展程度。

（2）计算方法。

$$\text{政府卫生支出占卫生总费用的比重}=\frac{\text{某年政府用于医疗事业经费总额}}{\text{当年卫生总费用}}\times 100\% \quad (5.26)$$

（3）统计口径。政府卫生支出包括各级政府用于医疗卫生服务、医疗保障补助、卫生和医疗保险行政管理、人口与计划生育事务支出等各项事业的经费。卫生总费用是指以货币形式作为综合计量手段，全面反映一个国家或地区在一定时期内（通常指一年），全社会在医疗卫生服务上所消耗的资金总额。

（4）数据来源。该项指标数据可以来自《中国统计年鉴（2015）》第二十二部分“卫生与社会服务”中表22-21“卫生总费用”中的“政府卫生支出占卫生总费用比重”。

23．每千人口卫生技术人员数

（1）指标概念。每千人口卫生技术人员数是指一个国家或地区平均每一千个居民拥有的医疗卫生技术人员数。该指标反映一个国家或地区的医疗保健发展水平，是衡量一个国家或地区医疗服务能力的重要标志，体现了社会发展程度及居民生活水平状况。

（2）计算方法。

$$\text{每千人口卫生技术人员数}=\frac{\text{卫生技术人员总数}}{\text{人口数}}\times 1\,000 \quad (5.27)$$

（3）统计口径。卫生技术人员包括执业医师、执业助理医师、注册护士、药师（士）、检验技师（士）、影像技师、卫生监督员和见习医（药、护、技）师（士）等卫生专业人员，不包括从事管理工作的卫生技术人员。人口数为年末常住人口数。

（4）数据来源。该项指标数据可以来自《中国统计年鉴（2015）》第二十二部分“卫生与社会服务”中表22-3“每千人口卫生技术人员”中的“卫生技术人员合计”。

24．新生儿死亡率

（1）指标概念。新生儿死亡率是指年内新生儿死亡人数与活产数之比，一般以‰表示。该指标用以反映一个国家或地区的基础医疗卫生条件状况。

（2）计算方法。

$$新生儿死亡率=\frac{年内新生儿死亡总数}{年内活产数}\times 1\,000‰ \tag{5.28}$$

（3）统计口径。新生儿死亡人数指出生至 28 天以内（即 0～27 天）的死亡人数。活产数指年内妊娠满 28 周及以上（如孕周不清楚，可参考出生体重达 1 000 克及以上），娩出后有心跳、呼吸、脐带搏动、随意肌收缩四项生命体征之一的新生儿数。

（4）数据来源。该项指标数据来自《中国统计年鉴（2015）》二十二部分“卫生与社会服务”中表 22-18“监测地区 5 岁以下儿童和孕产妇死亡率”中的“新生儿死亡率（‰）”。

25．文教娱乐用品及服务类支出占居民消费支出的比重

（1）指标概念。文教娱乐用品及服务类支出占居民消费支出的比重是指一定时期内一个国家或地区的居民用于文教娱乐用品及服务类的支出数额占全部消费支出总额的比重。文教娱乐用品及服务类的消费支出对于提高一国的国民素质，促进经济和社会的发展都具有重要的作用。对一个国家或地区的文教娱乐用品及服务类消费支出的测算反映了该地区居民的文化教育生活状况，也可以在一定程度上衡量该地区文化教育事业发展现状及前景。

（2）计算方法。

$$\begin{array}{c}文化娱乐用品及服务类支出\\占居民消费支出比重\end{array}=\frac{居民文化娱乐用品及服务类支出}{居民消费支出总额}\times 100\% \tag{5.29}$$

（3）统计口径。文教娱乐用品及服务类支出包括农村居民及城镇居民一段时期内在文化、教育以及娱乐用品及服务类所有的支出的总和。

（4）数据来源。该项指标中，2000—2012 年数据来自国家统计局网站“数据查询”模块：“城镇居民家庭基本情况”中的“城镇居民家庭人均现金消费支出”、“城镇居民家庭人均文教娱乐服务消费支出”，以及“农村居民家庭平均每人消费支出”中的“农村居民家庭平均每人消费支出”、“农村居民家庭平均每人文教娱乐消费支出”。2013 年和 2014 年数据来自《中国统计年鉴（2015）》第六部分“人民生活”表 6-7“城镇居民人均收支情况”中的“现金消费支出”及其下“教育文化娱乐”，表 6-12“农村居民人均收支情况”中的“农村居民人均支出”及其下“教育文化娱乐”。最终根据城乡平均人

口，加权平均得到该指标值。

(六) 社会保障、社会安全与社会活动参与状况

26. 基本社会保险覆盖率

(1) 指标概念。基本社会保险覆盖率是指已参加基本养老保险和基本医疗保险人口占政策规定应参加人口的比重。

(2) 计算方法。“基本社会保险覆盖率”这一指标最权威的算法应该是国家统计局推出的《全面建设小康社会统计监测方案》中的计算方法。这是反映城乡社会保障水平的指标，包括现行的城镇基本社会保险，同时增加了农村有关保险的内容，体现了城乡统筹的思想。

$$\text{基本社会保险覆盖率}=\frac{\text{已参加基本养老保险的人数}}{\text{应参加基本养老保险的人数}}\times 50\%+\frac{\text{已参加基本医疗保险的人数}}{\text{应参加基本医疗保险的人数}}\times 50\% \quad (5.30)$$

(3) 统计口径。基本社会保险主要包括基本养老保险、基本医疗保险、失业保险、工伤保险和生育保险等五项，其中基本养老保险、基本医疗保险最为重要，所以在计算基本社会保险覆盖率时只计算基本养老保险和基本医疗保险的覆盖率。

应参加基本医疗保险人数视为全国总人口，应参加基本养老保险人数视为全国 15 岁以上人口减去全日制在校学生人数。

基本养老保险参保人数指报告期末按照国家法律、法规和有关政策规定参加基本养老保险并在社保经办机构已建立缴费记录档案的人数，包括中断缴费但未终止养老保险关系的人数，不包括只登记未建立缴费记录档案的人数。

基本医疗保险参保人数指报告期末按国家有关规定参加相应基本医疗保险的人数。

(4) 数据来源。全国总人口的数据来源同前。在校生人数来自于国家统计局网站“数据查询”模块：“年度数据”—“各级各类学历教育学生情况”—“各级各类学历教育在校学生数”。

已参加养老保险人数来自《中国统计年鉴（2015）》第二十四部分“公共管理、社会保障和社会组织”表 24-29“社会保险基本情况”中的“年末参加基本养老保险人数”，再加上机关事业单位人数。这部分人数来自于 2008—2015 年历年《人口和就业统计年鉴》第四部分“城镇单位就业人员统计数据”表 4-1“各地区分行业国有单位就业人员数”中的“事业”、“机关”，其中2005—2007年的数据是以时间序号为自变量进行回归后得到的推测数。

参加医疗保险人数为参加城镇医疗基本保险人数和参加新农合人数之和。前者数据来自《中国统计年鉴（2015）》第二十四部分“公共管理、社会保障和社会组织”表24-29“社会保险基本情况”中的“城镇基本医疗保险”—“年末参保人数”；后者数据来自2012年和2013年《中国卫生统计年鉴》“医疗保障”部分中的“新型农村合作医疗情况”—“参加新农合人数”以及2013年和2014年《卫生和计划生育事业发展统计公报》。

27. 国家财政用于社会保障的支出占财政支出比重

（1）指标概念。国家财政用于社会保障的支出占财政支出比重是社会保障的支出与财政支出的比值。其中，社会保障支出是指政府通过财政向由于各种原因而导致暂时或永久性丧失劳动能力、失去工作机会或生活面临困难的社会成员提供基本生活保障的支出。

（2）计算方法。

$$\begin{array}{c}\text{国家财政用于社会保障支出}\\\text{占财政支出比重}\end{array}=\frac{\text{社会保障支出}}{\text{国家财政支出}}\times 100\% \qquad (5.31)$$

（3）统计口径。社会保障支出主要包括如下四个方面的内容：

第一，社会保险。社会保险是现代社会保障的核心内容，是一国居民的基本保障，即保障劳动者在失去劳动能力、失去工资收入之后仍然能够享有基本的生活保障。社会保险的项目在不同国家有所不同。在我国，社会保险的主要项目有老年保险、失业保险（待业保险）、医疗保险、疾病保险、生育保险、工伤保险、伤残保险；实施社会保险的主要目的，一是为了防止个人在现在与将来的安排上因选择不当而造成贫困，如退休养老问题；二是防范某些不可预见的风险，如事故、疾病等；三是减少由于市场经济的不确定性而产生的风险和困难，如失业等。

第二，社会救济。社会救济是对贫困者和遭受不可抗拒的“自然”风险（如自然灾害、丧失劳动能力而又无人抚养、战争等）的不幸者所提供的无偿的物质援助，主要包括贫困救济、灾害救济和特殊救济等。社会救济一般以保障救助对象的最低生活为标准。

第三，社会福利。社会福利是指国家和社会通过各种福利事业、福利设施、福利服务为社会成员提供基本生活保障，并使其基本生活状况不断得到改善的社会政策和制度的总称。它是社会保障的高级阶段。

第四，社会优抚。社会优抚是国家按规定对法定的优抚对象，如现役军人及其家属、退休和退伍军人、烈属等，为保证其一定的生活水平而提供的资助和服务。

（4）数据来源。该项指标有关数据来自国家统计局网站“数据查询”模块：“年度数据”—“财政”—“中央和地方财政主要支出项目”—“国家财政主要支出项目”—“国家财政支出”与“国家财政社会保障和就业支出”。

28. 社会安全指数

（1）指标概念。社会安全指数是一个合成指数，指一定时期内，社会安全的几个主要方面（社会治安、交通安全、生活安全、生产安全等）的总体变化情况。其中，社会治安采用刑事案件立案数增长率指标；交通安全采用交通事故死亡人数增长率指标；生活安全采用火灾事故死亡人数增长率指标；生产安全采用生产事故死亡人数增长率指标。

（2）计算方法。

$$\text{社会安全指数}=\left(1+\text{刑事案件立案数增长率}\right)\times 40+\left(1+\text{交通事故死亡人数增长率}\right)\times 20+(1+\text{火灾事故死亡人数增长率})\times 20+(1+\text{生产事故死亡人数增长率})\times 20 \quad (5.32)$$

（3）数据来源。刑事案件立案数据来自于国家统计局官方网站“数据查询”模块：“年度数据”—“公共管理、社会保障及其他”—“公安机关立案的刑事案件”—“公安机关立案的刑事案件合计”；交通事故死亡人数来自于国家统计局官方网站“数据查询”模块：“年度数据”—“公共管理、社会保障及其他”—“交通事故”—“交通事故死亡人数总计”；火灾事故死亡人数来自于国家统计局官方网站“数据查询”模块：“年度数据”—“公共管理、社会保障及其他”—“火灾事故”—“火灾事故死亡人数总计”；生产事故死亡人数来自于国家统计局历年发布的《国民经济和社会发展统计公报》第十二部分“资源、环境和安全生产”。

三、资源环境指标

（一）资源状况指标

29. 森林覆盖率

（1）指标概念。森林覆盖率亦称森林覆被率，是指一个国家或地区森林面积占土地总面积的百分比，是反映该国家或地区森林面积占有情况或森林资源丰富程度，以及实现绿化程度的指标，又是确定森林经营和开发利用方针的重要依据之一。

（2）计算方法。

$$森林覆盖率=\frac{森林面积}{土地总面积}\times 100\% \tag{5.33}$$

（3）统计口径。在计算森林覆盖率时，森林面积包括郁闭度 0.2 以上的乔木林地面积和竹林地面积，国家特别规定的灌木林地面积、农田林网以及四旁（村旁、路旁、水旁、宅旁）林木的覆盖面积。

土地总面积包括在国家领土主权范围内全部土地面积，不仅包括陆地的面积，而且也包括水域的面积。目前，我国的陆地面积为 960 万平方公里。我国的森林覆盖率公式的分母按此数据计算。

（4）数据来源。该项指标数据来自《中国统计年鉴（2015）》第八部分“资源和环境”中表 8-25“分地区森林资源情况”中的“森林覆盖率”。

30. 人均水资源量

（1）指标概念。人均水资源量是指一个国家或地区某一时点平均每人拥有的水资源量。

（2）计算方法。

$$人均水资源量=\frac{水资源总量}{总人口数} \tag{5.34}$$

（3）统计口径。水资源总量指当地降水形成的地表和地下产水总量，即地表径流量与降水入渗补给量之和。

（4）数据来源。该指标数据来自《中国统计年鉴（2015）》第八部分“资源和环境”中表 8-11“水资源情况”中的“人均水资源量”。

31. 单位 GDP 能耗

（1）指标概念。单位 GDP 能耗是指在一定时期内（通常为一年），每生产万元国内生产总值（GDP）所消耗多少吨标准煤的能源。

（2）计算方法。

$$单位\text{ GDP }能耗=\frac{能源消耗总量(吨标准煤)}{\text{GDP}(万元)} \tag{5.35}$$

其中，在进行不同时期单位 GDP 能耗对比时，为消除价格变动因素对 GDP 的影响，GDP 需按 2000 年不变价计算。

（3）数据来源。该项指标数据来自《中国统计年鉴（2015）》第九部分

“能源”中表9-16“平均每万元国内生产总值能源消耗量”中的“万元国内生产总值能源消费量（吨标准煤/万元）”。其中，2000—2005年数据直接来自该表数值；2006—2013年的GDP数值用统计方法统一折算成按2000年不变价格计算的数值；2014年为按2000年不变价格计算的估算数。

（二）环境状况指标

32. 环境污染治理投资占GDP比重

（1）指标概念。环境污染治理投资占GDP比重是指一个国家或地区在一定时期内（通常为一年）用于治理环境污染方面的投资在该时期GDP中所占比重。

（2）计算方法。

$$\text{环境污染治理投资占GDP比重}=\frac{\text{环境污染治理投资}}{\text{GDP}}\times 100\% \quad (5.36)$$

（3）统计口径。环境污染治理投资包括在污染源治理和城市环境基础设施建设的资金投入中，用于形成固定资产的资金，其中污染源治理投资包括工业污染源治理投资和“三同时”[1]项目环保投资两部分。环境污染治理投资为城市环境基础设施投资、工业污染源治理投资与“三同时”项目环保投资之和。

（4）数据来源。该项指标中的环境污染治理投资总额来自《中国统计年鉴（2015）》第八部分“资源和环境”中表8-38“环境污染治理投资”中的“环境污染治理投资总额”。国内生产总值的来源同前面相关指标已注明的来源。

33. 人均二氧化碳排放量

（1）指标概念 。人均二氧化碳排放量是指一个国家或地区在一定时期内（通常为一年），按常住人口计算的平均每个人所排放的二氧化碳数量。

（2）计算方法。

$$\text{人均二氧化碳排放量}=\frac{\text{二氧化碳排放量}}{\text{平均人口数}} \quad (5.37)$$

（3）数据来源。该项指标数据可以来自世界银行WDI数据库/美国能源部二氧化碳信息分析中心（CDIAC）中的中国人均二氧化碳排放量。其中2013年和2014年的数据空缺，将利用之前的数据以时间序号为自变量进行回归，根据回归方程预测得到。

---

[1] 建设项目“三同时”是指生产性基本建设项目中的劳动安全卫生设施必须符合国家规定的标准，必须与主体工程同时设计、同时施工、同时投入生产和使用，以确保建设项目竣工投产后，符合国家规定的劳动安全卫生标准，保障劳动者在生产过程中的安全与健康。

第四节 社会统计指标体系的汇总

将第三节社会统计指标体系中的每项指标加以汇总、概括，便可以得到我国社会统计指标体系的内容（表 5-2）。

表 5-2 中国社会统计指标体系

一级指标	二级指标	三级指标
经济与科技指标子系统	经济指标	1. 人均 GDP
		2. 第三产业增加值占 GDP 比重
		3. 城镇化率
		4. 全员社会劳动生产率
		5. 通货膨胀率
	科技指标	6. 研发经费支出占 GDP 比重
社会核心指标子系统	人口与家庭指标	7. 总人口性别比
		8. 人口年龄构成
		9. 人口预期寿命
		10. 人口自然增长率
		11. 粗离婚率
	劳动与就业	12. 失业率（城镇登记失业率）
	收入与分配指标	13. 人均可支配收入
		14. 基尼系数
	生活质量指标	15. 恩格尔系数
		16. 人均住房建筑面积
		17. 人均消费水平
		18. 每百人互联网使用人数
	教育、医疗卫生以及文化指标	19. 平均受教育年限
		20. 小学学龄儿童净入学率
		21. 国家财政性教育经费支出占 GDP 的比重
		22. 政府卫生支出占卫生总费用的比重
		23. 每千人口卫生技术人员数
		24. 新生儿死亡率
		25. 文教娱乐用品及服务类支出占居民消费支出的比重
		26. 基本社会保险覆盖率

续表

一级指标	二级指标	三级指标
社会核心指标子系统	社会保障、社会安全与社会活动参与状况	27. 国家财政用于社会保障的支出占财政支出比重
		28. 社会安全指数
资源环境指标子系统	资源状况指标	29. 森林覆盖率
		30. 人均水资源量
		31. 单位 GDP 能耗
	环境状况指标	32. 环境污染治理投资占 GDP 比重
		33. 人均二氧化碳排放量

第六章

我国社会发展状况的实证研究

在上述所开展的研究基础上，本章着重采用统计综合评价方法，对我国2005—2014年这一期间的社会发展状况进行实证分析研究。

通常情况下，统计综合评价方法主要按指标的无量纲化处理、各项评价指标实际值的采集与整理、各项评价指标标准值的确定、各项指标权重的确定、各项指标评价值的计算和各项指标评价值的合成等六个步骤依次进行。

第一节 各项社会统计指标的无量纲化

一、无量纲化方法的选取

无量纲化是通过数学变换来消除原始指标量纲影响的一种方法。无量纲化的方法主要包括直线型无量纲化方法、折线型无量纲化方法和曲线型无量纲化方法等三种类型。本书采用直线型无量纲化方法对各项社会统计指标进行无量纲化处理。

直线型无量纲化方法的基本思想是，假定实际指标取值和评价指标取值之间存在着线性关系，实际指标值的变化将引起评价指标相应比例的变化。其主要代表方法有：阈值法、标准化法及比重法。本书主要采用阈值法来处理各项社会统计指标的不同量纲问题。

阈值也称临界值，是衡量事物发展变化的一些特殊指标值，比如极大值、极小值、满意值、不允许值等。阈值法是用指标实际值与阈值相比以得到指标评价值的无量纲方法。

二、社会统计指标的无量纲化

我们按以下步骤对各项社会统计指标进行无量纲化处理：

首先，按照各项社会统计指标的定义及计算方法查询、计算 2005—2014 年社会统计指标体系中各指标历年数值，并在此基础上通过科学方法收集、测算各指标 2020 年预期（目标）值。

其次，以各项社会统计指标 2005 年实际值（X_{i2005}，第 i 个指标 2005 年实际值）为指标基期值，即指标无量纲化阈值法中的极小值；以各项社会统计指标 2006—2014 年实际取值为指标值；以经过科学方法收集、测算的各指标 2020 年预期值 X_{i2020}（第 i 个指标 2020 年预期值）为目标值，即指标无量纲化阈值法中的极大值。依照指标实现程度 Z_{ij} 计算公式（2005 年为基期，2020 年为目标期）：

$$Z_{ij}=\frac{X_{ij}-X_{i2005}}{X_{i2020}-X_{i2005}} \tag{6.1}$$

对社会统计指标体系中各指标进行无量纲化处理，其中 i 表示指标体系中第 i 个单项指标（$i=1, 2, \cdots, 33$），j 表示实际年份，取值范围为 2006—2014 年，Z_{ij} 表示第 j 年第 i 个指标的实现程度。

由于我国目前尚属于发展中国家，包括社会安全指数、人均二氧化碳排放量在内的个别指标在实际发展过程中的实际值、预期发展状况与期望发展趋势相悖，表现为逆指标目标值高于该指标基期水平（即 2020 年指标预期状况较 2005 年基期状况出现恶化），同时，由于多年计生政策的影响以及老龄化时代的到来，人口年龄构成中的适度指标“15 岁以下人口比率”预期目标值会比基期值要低。因此，需要对这些指标无量纲化方式进行如下调整：

$$Z_{ij}=\frac{X_{ij}-X_{i2020}}{X_{i2005}-X_{i2020}} \tag{6.2}$$

再次，依照上述阈值法对各项社会统计指标进行无量纲化处理，并以 2005 年为发展基期，2020 年为发展目标，求出各项社会统计指标在 2006—2014 年间历年的实际发展状况及目标实现程度。

最后，以 2014 年为例对社会统计指标体系中各指标进行无量纲化处理，结果如表 6-1 所示。

表 6-1　2005—2020 年社会统计指标发展计划（2014 年实现情况）

编号	监测指标	单位	2005 年值	2014 年值	目标值	实现程度（%）
1.1	**经济指标**					
1	人均 GDP	元	14 259	46 629	≥48 000	95.94
2	第三产业增加值占 GDP 比重	%	41.4	48.1	≥60.0	36.02
3	城镇化率	%	42.99	54.77	≥60.00	69.25
4	全员社会劳动生产率	元/人·年	21 350	47 887	≥69 632	54.96
5	通货膨胀率	%	1.8	2.0	≤4.0	90.91
1.2	**科技指标**					
6	研发经费支出占 GDP 比重	%	1.32	2.05	≥2.40	67.59
2.1	**人口与家庭指标**					
7	总人口性别比	1.00	1.063 0	1.050 6	≤1.020 0	28.84
8	人口年龄构成（0～14 岁）	%	20.3	16.5	≥17.0	−15.15
	人口年龄构成（15～64 岁）	%	72.0	73.4	≥74.0	70.00
	人口年龄构成（65 及以上）	%	7.7	10.1	≤9.0	−84.62
9	人口预期寿命	岁	74	76	≥77	66.67
10	人口自然增长率	‰	5.89	5.21	≤5.00	76.40
11	粗离婚率	‰	1.37	2.67	≤2.00	−106.35
2.2	**劳动与就业指标**					
12	城镇登记失业率	%	4.20	4.09	≤4.00	55.00
2.3	**收入与分配指标**					
13	人均可支配收入	元	5 890	14 632	≥18 293	70.48
14	基尼系数	1.000	0.485	0.469	≤0.380	15.24
2.4	**生活质量指标**					
15	按城乡居民人口数加权计算的综合恩格尔系数	%	41.77	34.95	≤40.00	385.31
16	城镇人均住房建筑面积	m^2/人	27.8	35.5	≥35.0	106.94
	农村人均住房建筑面积	m^2/人	29.7	39.2	≥40.0	92.23
17	人均消费水平	元/人	5 323	11 897	≥14 711	70.03
18	每百人互联网使用人数	人	8.5	49.3	≥72.0	64.25
2.5	**教育、医疗及文化指标**					
19	平均受教育年限	年/人	8.2	9.3	≥10.5	47.83
20	小学学龄儿童净入学率	%	99.2	99.8	=100.0	75.00

续表

编号	监测指标	单位	2005 年值	2014 年值	目标值	实现程度（%）
21	国家财政性教育经费支出占GDP的比重	%	2.78	4.15	≥5.00	61.71
22	政府卫生支出占卫生总费用的比重	%	17.93	29.96	≥35.00	70.47
23	每千人口卫生技术人员数	人	3.57	5.56	≥7.00	58.02
24	新生儿死亡率	‰	13.2	5.9	≤3.3	73.74
25	文教娱乐用品及服务类支出占消费支出的比重	%	12.52	11.65	≥16.00	−25.00
2.6	**社会保障、社会安全与社会活动参与状况指标**					
26	基本社会保险覆盖率	%	22.84	88.96	≥90.00	98.45
27	国家财政用于社会保障的支出占财政支出比重	%	10.90	10.52	≥15.00	−9.27
28	社会安全指数	1	95.95	97.72	≤92.00	−44.99
3.1	**资源状况指标**					
29	森林覆盖率	%	18.21	21.63	≥23.00	71.40
30	人均水资源量	m^3/人	2 151.80	1 998.64	≥2 050.00	−50.45
31	单位 GDP 能耗	吨标准煤/万元	1.64	1.15	≤0.90	66.22
3.2	**环境状况指标**					
32	环境污染治理投资占 GDP 比重	%	1.28	1.51	≥2.00	31.94
33	人均二氧化碳排放量	吨/人·年	4.44	7.80	≤6.50	−63.11

第二节 社会统计指标数据的采集与整理

社会统计指标体系中各指标数据收集方法及来源详见第五章“我国社会统计指标体系的构建”中的第三节“我国社会统计指标体系的构建”。

我们假定依据上述各项社会统计指标数据来源所收集数据真实可靠。在此基础上，通过计算、整理得到如表 6-2 所示的各项有关数据。

表 6-2　　社会统计指标体系 2000—2014 年历史数据

大类	1. 经济与科技类统计指标						2. 社会统计核心指标							
中类	1.1 经济指标					1.2 科技	2.1 人口与家庭指标							2.2 劳动与就业
年份	1.1.1 人均国内生产总值（元）	1.1.2 第三产业增加值占 GDP 比重（%）	1.1.3 城镇化率（%）	1.1.4 全员社会劳动生产率（元/人·年）	1.1.5 通货膨胀率（%）	1.2.1 研发经费支出占 GDP 比重（%）	2.1.1 总人口性别比	2.1.2 人口年龄构成			2.1.3 人口预期寿命（岁）	2.1.4 人口自然增长率（‰）	2.1.5 粗离婚率（‰）	2.2.1 城镇登记失业率（%）
								0—14 岁（%）	15—64 岁（%）	65 岁及以上（%）				
2000	7 902	39.8	36.22	13 908	0.4	0.90	1.067 4	22.9	70.1	7.0	72	7.58	0.96	3.10
2001	8 670	41.3	37.66	14 916	0.7	0.95	1.060 0	22.5	70.4	7.1	73	6.95	0.98	3.60
2002	9 450	42.3	39.09	16 139	−0.8	1.06	1.060 6	22.4	70.3	7.3	73	6.45	0.90	4.00
2003	10 600	42.1	40.53	17 643	1.2	1.13	1.062 0	22.1	70.4	7.5	73	6.01	1.05	4.30
2004	12 400	41.2	41.76	19 291	3.9	1.22	1.062 9	21.5	70.9	7.6	74	5.87	1.28	4.20
2005	14 259	41.4	42.99	21 350	1.8	1.32	1.063 0	20.3	72.0	7.7	74	5.89	1.37	4.20
2006	16 602	41.9	44.34	23 944	1.5	1.38	1.062 9	19.8	72.3	7.9	74	5.28	1.46	4.10
2007	20 337	42.9	45.89	27 221	4.8	1.38	1.061 9	19.4	72.5	8.1	74	5.17	1.59	4.00
2008	23 912	42.9	46.99	29 724	5.9	1.46	1.060 7	19.0	72.7	8.3	75	5.08	1.71	4.20
2009	25 963	44.4	48.34	32 360	−0.7	1.68	1.059 3	18.5	73.0	8.5	75	4.87	1.85	4.30
2010	30 567	44.2	49.95	35 673	3.3	1.73	1.052 1	16.6	74.5	8.9	75	4.79	2.00	4.10
2011	36 018	44.3	51.27	38 905	5.4	1.79	1.051 8	16.5	74.4	9.1	75	4.79	2.13	4.10
2012	39 544	45.5	52.57	41 756	2.6	1.93	1.051 3	16.5	74.1	9.4	75	4.95	2.29	4.10
2013	43 320	46.9	53.73	44 801	2.6	2.01	1.051 0	16.4	73.9	9.7	75	4.92	2.57	4.05
2014	46 629	48.1	54.77	47 887	2.0	2.05	1.050 6	16.5	73.4	10.1	76	5.21	2.67	4.09
2020 年目标值	≥48 000	≥60.0	≥60.00	≥69 632	≤4.0	≥2.40	≤1.020 0	≥17.0	≥74.0	≤9.0	≥77	≤5.00	≤2.00	≤4.00

续表

年份														
大类	2. 社会统计核心指标													
中类	2.3 收入与分配		2.4 生活质量指标					2.5 教育医疗及文化						
	2.3.1 人均可支配收入（元）	2.3.2 基尼系数	2.4.1 按城乡居民人口数加权计算的综合恩格尔系数（%）	2.4.2 人均住房建筑面积（m^2）		2.4.3 人均消费水平（元）	2.4.4 每百人互联网使用人数（人）	2.5.1 平均受教育年限（年）	2.5.2 小学学龄儿童净入学率（%）	2.5.3 国家财政性教育经费支出占GDP的比重（%）	2.5.4 政府卫生支出占卫生总费用的比重（%）	2.5.5 每千人口卫生技术人员数（人）	2.5.6 新生儿死亡率（‰）	2.5.7 文教娱乐用品及服务类支出占消费支出的比重（%）
2000	3 683	0.417	45.66	NA	24.8	3 721	1.8	7.6	99.1	2.57	15.47	3.63	22.8	11.97
2001	3 998	0.490	44.19	NA	25.7	3 948	2.6	7.7	99.1	2.77	15.93	3.62	21.4	11.78
2002	4 482	0.454	42.94	24.5	26.5	4 281	4.6	7.8	98.6	2.89	15.69	3.41	20.7	12.81
2003	4 898	0.479	42.22	25.3	27.2	4 528	6.2	7.9	98.7	2.82	16.96	3.48	18.0	13.01
2004	5 345	0.473	43.29	26.4	27.9	4 852	7.3	8.1	98.9	2.78	17.04	3.53	15.4	12.59
2005	5 890	0.485	41.77	27.8	29.7	5 323	8.5	8.2	99.2	2.78	17.93	3.57	13.2	12.52
2006	6 555	0.487	39.86	28.5	30.7	5 773	10.5	8.3	99.3	2.92	18.07	3.66	12.0	12.12
2007	7 436	0.484	40.03	30.1	31.6	6 509	16.0	8.4	99.5	3.09	22.31	3.76	10.7	11.20
2008	8 180	0.491	41.01	30.6	32.4	7 050	22.6	8.6	99.5	3.30	24.73	3.92	10.2	10.21
2009	9 085	0.490	38.85	31.3	33.6	7 743	28.9	8.7	99.4	3.54	27.50	4.15	9.0	10.19
2010	10 026	0.481	38.45	31.6	34.1	8 486	34.3	8.8	99.7	3.59	28.69	4.37	8.3	10.19
2011	11 115	0.477	38.32	32.7	36.2	9 422	38.3	8.9	99.8	3.84	30.40	4.58	7.8	9.93
2012	12 382	0.474	37.69	33.6	37.2	10 278	42.3	9.1	99.9	4.33	29.99	4.94	6.9	9.96
2013	13 483	0.473	36.26	34.5	38.2	11 032	45.8	9.2	99.7	4.16	30.14	5.27	6.3	11.55
2014	14 632	0.469	34.95	35.5	39.2	11 897	49.3	9.3	99.8	4.15	29.96	5.56	5.9	11.65
2020年目标值	≥18 293	≤0.380	≤40.00	≥35.0	≥40.0	≥14 711	≥72.0	≥10.5	=100.0	≥5.00	≥35.00	≥7.00	≤3.3	≥16.00

续表

年份	2. 社会统计核心指标			3. 资源与环境指标				
	2.6 社会保障、社会安全与社会活动参与状况			3.1 资源状况指标			3.2 环境状况指标	
	2.6.1 基本社会保险覆盖率（%）	2.6.2 国家财政用于社会保障的支出占财政支出比重（%）	2.6.3 社会安全指数	3.1.1 森林覆盖率（%）	3.1.2 人均水资源量（m^3）	3.1.3 单位 GDP 能耗（吨标准煤/万元）	3.2.1 环境污染治理投资占 GDP 比重（%）	3.2.2 人均二氧化碳排放量（吨/人·年）
2000	NA	9.55	NA	16.55	2 193.87	1.47	1.02	2.70
2001	NA	10.51	NA	16.55	2 112.50	1.44	1.00	2.74
2002	NA	11.95	NA	16.55	2 207.22	1.44	1.13	2.89
2003	NA	10.77	NA	16.55	2 131.34	1.52	1.19	3.51
2004	NA	10.94	NA	18.21	1 856.29	1.61	1.19	4.08
2005	22.84	10.90	95.95	18.21	2 151.80	1.64	1.28	4.44
2006	32.92	10.79	88.86	18.21	1 932.09	1.59	1.18	4.89
2007	47.91	10.94	98.09	18.21	1 916.34	1.51	1.26	5.15
2008	55.45	10.87	95.42	18.21	2 071.05	1.42	1.56	5.31
2009	59.75	9.97	98.62	20.36	1 816.18	1.36	1.52	5.77
2010	66.39	10.16	100.67	20.36	2 310.41	1.33	1.86	6.20
2011	79.56	10.17	96.75	20.36	1 730.40	1.30	1.47	6.70
2012	88.66	9.99	100.49	21.63	2 186.05	1.25	1.55	6.99
2013	90.78	10.33	97.56	21.63	2 059.69	1.21	1.54	7.41
2014	88.96	10.52	97.72	21.63	1 998.64	1.15	1.51	7.80
2020 年目标值	≥90.00	≥15.00	≤92.00	≥23.00	≥2 050.00	≤0.90	≥2.00	≤6.50

第三节　社会统计指标目标值的确定

我们通过查阅相关文献、统计趋势外推预测及国内外相关指标发展水平评估等方法，对本书中各项社会统计指标的2020年目标值予以确定。

一、经济与科技指标子系统

（一）经济类指标

1. 人均国内生产总值不低于48 000元/人

党的十八大报告指出，根据我国经济社会发展实际，要在十六大、十七大确立的全面建设小康社会目标的基础上努力实现新的要求。实现经济持续健康发展。转变经济发展方式取得重大进展，在发展平衡性、协调性、可持续性明显增强的基础上，实现国内生产总值和城乡居民人均收入比2010年翻一番。2010年我国国内生产总值为407 137.8亿元，再根据国家人口战略发展研究课题组对2019年、2020年我国人口总数做出的预测值计算2020年平均人口数为14.36亿，按照趋势外推方法可以粗略计算出我国2020年国内生产总值约为689 280亿元，从而可以推算出2020年我国人均国内生产总值目标值约为48 000元/人。

2. 第三产业增加值占GDP的比重不低于60.0%

第三产业增加值占GDP的比重既是反映一个国家或地区产业结构服务化的程度，又是比较和评价一个国家或地区经济结构现代化水平的国际通用标志。通常情况下，一个国家或地区的经济越发达，第三产业增加值占GDP的比重就越高。例如，据《国际统计年鉴（2014）》公布的数据显示，2013年各种不同收入水平国家的服务业增加值占国内生产总值比重分别为：高收入国家74.0%；中等收入国家55.0%，其中，中等偏上水平国家为55.6%，中等偏下水平国家为52.8%；中低收入国家54.9%；低收入国家49.0%；最不发达国家46.0%。几个有代表性发达国家的服务业增加值占国内生产总值比重分别为：美国78.6%（2011年）、日本73.1%（2012年）、韩国59.1%（2013年）、法国79.4%（2013年）。我国第三产业增加值占GDP的比重在2001年至2010年十年间变化不大，长期维系在41.0%～44.0%之间。从 2011 年开始，这一比重上升得比较快，2014 年已经达到 48.1%。结合我国近些年该项指标的实际变化情况，以及 2013 年我国已步入中等偏上收入国家行列的实际，再根据有关专家对我国将于 2025 年达到高收入水平的预测，我们将 2020 年目标值确定为不低于 60.0%。这一目标值介于目前中等偏上收入国家的水平和高收入国家的水平之间。

3. 城镇化率不低于 60.00%

在由中共中央组织部、住房和城乡建设部、中国科学技术协会联合举办的第 52 期全国市长研究班开班式上，住房和城乡建设部副部长郭允冲指出，这期研究班的主题是城乡水和垃圾治理，水与城市发展息息相关，而垃圾治理是城市管理和环境保护的重要内容，都关系到人民群众的切身利益。现阶段我国正处在城镇化发展的关键时期，城镇化进程不断加快，每年以 1%左右的速度快速增长，预计到 2020 年城镇化水平将达到 60.00%左右，新增城镇人口约 3 亿人，水和垃圾问题成为制约资源节约型、环境友好型社会建设的重要因素。

根据上述官方的预计结果和我国近些年城镇化的进程，我们将 2020 年城镇化率的目标值定为不低于 60.00%。

4. 全员社会劳动生产率不低于 69 632 元/人·年

世界银行曾在 2012 年发布《东亚与太平洋地区经济状况更新报告》，该报告指出 2010 年东亚劳动生产率只相当于欧洲和拉美新兴经济体的 1/2。按照购买力平价水平，中国 2010 年的劳动生产率比 1990 年增长 1 倍以上，但是和发达国家相差很远，也不如拉美国家的水平。我国全员社会劳动生产率水平自 2000 年以来逐年增长，2014 年达到 47 887 亿元（以 2000 年不变价格计算）。用每年 7%的增速预测 2020 年我国国内生产总值，并用趋势外推法得出当年平均就业人口，得到 2020 年我国全员社会劳动生产率指标目标值为不低于 69 632 元/人·年，较之 2014 年实际指标数据有了较为明显的增长。

5. 通货膨胀率不高于 4.0%

经济学认为，如果每年物价上升幅度在 1.0%～3.0%之内为爬行的通货膨胀；每年物价上升幅度在 3.0%～6.0%之间为温和的通货膨胀；每年物价上升比例在 6.0%～9.0%之间则为严重的通货膨胀；每年物价上升比例在 10.0%～50.0%以下为飞奔的通货膨胀，每年物价上升比例在 50.0%以上为恶性的通货膨胀。自 2000 年以来，我国通货膨胀率最高值出现在 2008 年金融危机时，为 5.9%，受到国家宏观调控政策的影响，2009 年出现急剧下降为－0.7%，此后两年该项指标正处于上升态势。结合我国实际国情和政府的宏观调控目标，为缓解通胀压力，维持我国通货膨胀水平处于国民可接受范围，将2020年目标值确定为不高于4.0%。

（二）科技类指标

6. 研发经费支出占GDP比重不低于2.40%

美国国家科学基金会2010年发布的《科学与工程指标》报告指出：过去10年中国在科技方面的投资年均增长超过20%，各主要指标均达到世界一流国家水平。该基金会负责监督统计汇总的Rolf Lehming表示：过去10年，中国每年科研投资持续增长，主要体现在研发、教育、密集型知识产业投资所占国内生产总值百分比的增加，表现了中国政府对研发的高度重视，按照目前的发展势头来看，中国将在2030年（误差在2～3年）超越美国，成为全球第一的研发支出大国。当前我国科研经费支出占GDP比重相比美国等发达国家而言仍处于较低水平，依据我国近些年R&D经费支出占GDP比重的实际数据和美国国家科学基金会对我国科技方面投资额增长幅度的预测，以及我国政府反复强调科技兴国的发展战略，将该指标2020年目标值确定为不低于2.40%。

二、社会核心指标子系统

（一）人口与家庭类指标

7. 总人口性别比不高于1.0200

联合国明确认定了该指标的通常值域为1.0200～1.0700之间，其他值域则被视为异常。近年来，我国从法律保障、政策调整、传统观念、督查指导等方面进行指导以保证出生人口性别比的合理化，2000年以来，该指标总体处于下降态势，尤其是放开二胎的生育政策后，这一数值更会向一个合理的水平逼近。结合发达国家人口性别比数据和我国的实际，将我国2020年目标值确定为不高于1.0200。

8. 人口年龄构成：每年龄组人口比重的目标值分别为不低于17.0%、不低于74.0%和不高于9.0%

2000年以来，我国人口逐步呈现出老龄化趋势，0～14岁人口比重不断下降，65岁及以上人口比重不断增加。人口年龄结构关系着一个国家劳动力的供给以及市场需求，对国家经济发展有重大影响。其中，国际上一般将15～64岁人口视为劳动年龄人口，决定着一国创造产出的人力资源。0～14岁人口是未来劳动力的来源，也是缓解未来老龄化的关键。以上两种人口比重自然越高越好。65 岁以上人口为老年人口，这部分人数过多会给社会保障体系带来诸多负担，因此不宜太多。然而，人口发展有其特有规律：人的一生不断长大、变老，人口年龄结构会随着时间的推移不可避免地表现出来，今天的结果其实在昨天已经注定。因此，设定目标值时应结合我国人口现状及未来预测。经综合考虑，将 0～14 岁人口、15～64 岁人口的目标值分别定为不低于 17.0%、74.0%，将 65 岁以上人口的目标值定为不高于 9.0%。

9. 人口预期寿命不低于 77 岁

我国卫生部原部长陈竺在 2012 年中国卫生论坛上发布的《健康中国 2020 战略研究报告》中指出，健康中国 2020 战略的具体目标之一，是国民主要健康目标进一步改善，到 2020 年人均预期寿命达到 77 岁。依据该报告所制定的战略目标，本书也将人均预期寿命达到 77 岁作为 2020 年的目标值。

10. 人口自然增长率不高于 5.00‰

根据“十二五”规划的目标，我国要将年均人口自然增长率控制在 7.20‰以内。然而，“十二五”期间，我国每年实际的人口自然增长率仅在 5.00‰左右，大大低于目标值。许多学者预测，鉴于此情况，即将出台的“十三五”规划将把该指标的目标值调低，大概会在 5.00‰左右。我国最近已实行“全面二胎”政策，鼓励增加新生儿数量，以应对未来人口老龄化与劳动力不足等问题。因此，人口自然增长率的目标也不宜定得过低。为此，将该指标目标值定为不高于 5.00‰。

11. 粗离婚率不高于 2.00‰

根据美国人口统计年鉴 2010 年的统计结果，粗离婚率最高的国家是：俄罗斯、白俄罗斯、乌克兰、摩尔多瓦、开曼群岛、美国、百慕大、古巴、立陶宛、捷克共和国。我国 2014 年粗离婚率为 2.67‰，较之 2004 年 1.28‰水平有较大幅度的提高。造成我国高离婚率的原因极其多而复杂，其中，既有社会转型时期人们对传统婚姻、家庭观念的改变，也有一些政策方面的因素，已经引起政府和国民的充分重视。随着社会的稳定和一些政策的调整，高离婚率的现象会有所改观。基于此，我们将 2020 年粗离婚率目标值定为不高于 2.00‰，在保证现有水平不上升的基础上略有缓解。

（二）劳动与就业类指标

12. 城镇登记失业率不高于 4.00%

根据趋势外推法对中国劳动力需求量和供给量进行预测判断，可以看出中国新增劳动力的供给速度超过就业市场的吸纳速度。这一方面表明产业调整、体制转轨的步伐还稍显缓慢，另一方面也说明教育产业和其他行业的协调上有问题。鉴于我国在2014年及以前的15年时间里，除了个别年份的城镇登记失业率低于4.00%外，多数年份都在4.00%以上。再考虑今后在若干年内都将面临严峻的就业压力，如果我国能将这一指标继续维持在4.00%的水平也实属不宜。因此，我们将我国2020年城镇登记失业率的目标值确定为不高于4.00%。

（三）收入与分配类指标

13. 人均可支配收入不低于18 293元

自2000年以来，我国居民人均可支配收入稳步增长，到2014年按2000年不变价格计算的人均可支配收入已经达到14 632元。根据趋势外推法，并以2000年不变价格计算，将该指标2020年目标值定为不低于18 293元。

14. 基尼系数不高于0.380

按照联合国有关组织规定，基尼系数对于收入分配标准的判断依据如下：低于0.2为绝对平均，0.2～0.3之间为收入比较平均，0.3～0.4为收入相对合理，0.4～0.5为收入差距较大，高于0.5为收入差距悬殊。我国当前居民收入分配差距依然较大是一个客观事实。依据十八大和《中共中央关于制定国民经济和社会发展第十三个五年规划的建议》要缩小收入差距的方针、政策和精神，结合我国在过去相当长一段时间收入分配差距过大，在短期内大幅度缩小存在相当大困难的实际，并参考发达国家基尼系数平均水平，将2020年目标值确定为不高于0.380，使收入分配差距处于一个相对合理范围内。

（四）生活质量指标

15. 恩格尔系数不高于40%

党的十八大报告指出，我国发展仍处于可以大有作为的重要战略机遇期，我们要准确判断重要战略机遇期内涵和条件的变化，全面把握机遇，确保到2020年实现全面建成小康社会宏伟目标。联合国根据恩格尔系数的大小，对世界各国的生活水平有一个划分标准，即一个国家平均家庭恩格尔系数大于60.00%为贫穷；50.00%～60.00%为温饱；40.00%～50.00%为小康；30.00%～40.00%属于相对富裕；20.00%～30.00%为富足；20.00%以下为极其富裕。因此，根据联合国的标准和我国发展的战略目标，将反映社会发展与人民生活水平的恩格尔系数指标2020年目标值设定为≤40.00%。

16. 人均住房建筑面积中城镇人均住房建筑面积不低于35.0m²/人，农村人均住房建筑面积不低于40.0m²/人

党的十八大报告指出，我国应当全面把握机遇，确保到2020年实现全面

建成小康社会宏伟目标。报告明确指出，2020 年城镇居民人均住房使用面积及农村居民人均住房使用面积指标应分别达到不低于 35.0m²/人及不低于 40.0m²/人的标准。依据十八大提出的这一战略目标，本书将人均住房面积的目标值定为上述水平。

17. 人均消费水平不低于 14 711 元

自 2000 年以来，我国居民的人均消费水平逐年稳步增长。在进行不同时期社会发展状况对比分析时，为消除物价因素对居民消费水平的影响，对于人均消费水平这一指标同样采取以 2000 年不变价格为标准，将利用趋势外推法计算的结果，即不低于 14 711 元作为 2020 年的目标值。

18. 每百人互联网使用人数不低于 72.0 人

查阅世界银行数据库资料可知，我国内地 2011 年每百人互联网使用人数为 38.3 人，查阅对比后发现中国香港 2002 年该指标数据为 38.7 人/百人，与中国内地 2011 年的状况类似，而随着内地与香港之间的联系日益紧密，香港在各方面的发展状况必然在很大程度上影响、促进着内地的发展。因此有理由相信，中国香港地区 2002—2011 这 9 年间每百人互联网使用人数指标的发展可以在一定程度上代表中国内地在 2011—2020 年该指标的未来发展状况。因此，依据上述，我们将中国香港地区每百人互联网使用人数 2011 年的实际值，即不低于 72 人/百人作为我国这一指标 2020 年的目标值。

(五) 教育、医疗与文化

19. 平均受教育年限不低于 10.5 年

中国教育科学研究院受国家有关部门委托于 2005 年完成的“2020 年中国教育展望”的调研报告中指出，到 2020 年，我国劳动适龄人口平均受教育年限将达到 10.5 年，每年新增劳动力中将有 20%以上达到本科以上文化程度。结合最近 10 年来我国教育发展的实际，我们认为，教育科学研究院调研报告中对 2020 年我国劳动适龄人口平均受教育年限将达到不低于 10.5 年的预测结果还是比较准确的。因此，我们将这一数值定为平均受教育年限指标 2020 年的目标值。

20. 小学学龄儿童净入学率达到 100.0%

2014 年我国小学学龄儿童净入学率已经达到 99.8%，有理由相信，随着经济的发展和社会的进步，到 2020 年我国小学学龄儿童净入学率能够达到 100%，因此将该指标目标值设定为 100.0%。

21. 国家财政性教育经费支出占 GDP 的比重不低于 5.00%

《国家中长期教育改革和发展纲要（2010—2020 年）》指出，“要提高国家财政性教育经费支出占国内生产总值比例，2012 年达到 4.00%。”而 4.00%也被认为是这一指标的国际基础标准。2012 年，我国国家财政性教育经费占 GDP 比重为 4.33%，首次实现了 4.00%的突破。一直关注此事的中国教育科学研究院研究员储朝晖在 2013 年 12 月 24 日接受《光明日报》记者采访时表示：“我们曾做过相关专题研究并得出结论，按照中国的经济发展水平，5.00%的教育经费支出较为合适。所以，下一步我们仍要继续增加教育经费的支出比例。”尽管专家学者们站在教育的角度强调提高国家财政性教育经费相当于 GDP 的比重的重要性，但是，考虑到我国的具体国情，以及过去由 3.00%提高到 4.00%的时间跨度（大约为 10 年）及其艰巨性，因此，我们认为，把国家财政性教育经费支出占 GDP 比重 2020 年的目标值定为不低于 5.00%较为合适。

22. 政府卫生支出占卫生总费用的比重不低于 35.00%

基于政府卫生支出占卫生总费用的比重指标由 2001 年的 15.93%提高到 2014 年的 29.96%，在过去 13 年间增加了 14.03 个百分点这样一个历史事实，结合政府目前所采取的鼓励民间资本进入医疗卫生行业的政策，今后社会卫生支出占卫生总费用比重将进一步提高的预期，再参考目前一些发达国家政府卫生支出占卫生总费用的比重多数维持在 22.00%～30.00%[1]之间的因素，我们认为，到 2020 年我国政府卫生支出占卫生总费用的比重保持在 35.00%左右的水平较为适宜。因此，我们将该指标的目标值确定为 35.00%。

23. 每千人口卫生技术人员数不低于 7.00 人

基于我国 2000—2014 年每千人口卫生技术人员数的历史数据（其中，2000 年和 2014 年分别为 3.63 人和 5.56 人），计算该指标 2001—2014 年 14 年间的平均发展速度为 103.09%。假定在今后的 6 年时间里此项指标仍按这一速度发展，由此推算到 2020 年我国每千人口卫生技术人员数将达到 6.67 人。考虑到随着我国今后经济的不断发展和国家对医疗卫生事业越来越重视、卫生技术人员的数量将不断增加的因素，我们将 2020 年每千人口卫生技术人员数的目标值定为不低于 7.00 人。

24. 新生儿死亡率不高于 3.3‰

基于我国 2000—2014 年新生儿死亡率指标历史数据（其中 2000 年和

[1] 参阅登峰等：《我国与发达国家医疗资源和卫生费用比较分析》，《中国卫生经济》，第 33 卷第 2 期（总第 372 期），2014-02。

2014 年分别为 22.8‰和 5.9‰)，计算此间该项指标数值的平均发展速度为 93.46%。假定在今后的 6 年时间里此项指标仍按这一速度发展，由此推算到 2020 年我国新生儿死亡率将会降低到 3.3‰。考虑到过去这一数值主要与农村新生儿死亡率相关，随着我国农村医疗水平的不断提高和农村人口的逐步减少，这一指标数值到 2020 年会达到预期值。所以，我们将 2020 年新生儿死亡率目标值定为不高于 3.3‰。

25. 文教娱乐用品及服务类支出占消费支出的比重不低于 16.0%

党的十八大报告指出，我国应当全面把握机遇，确保到 2020 年实现全面建成小康社会宏伟目标。为达到全面建设小康社会的目标，文教娱乐用品及服务类支出占消费支出的比重应达到 16.00%以上。根据十八大所提出的这一奋斗目标，我们将 2020 年文教娱乐用品及服务类支出占消费支出的比重指标的目标值设为不低于 16.00%。

(六) 社会保障、社会安全与社会活动参与状况指标

26. 基本社会保险覆盖率不低于 90.00%

基本社会保险覆盖率是指已参加基本养老保险和基本医疗保险（含新型农村合作医疗制度）人口占政策规定应参加人口的比重。从理论上讲，两项保险覆盖率均达 100.00%应是我们努力奋斗的目标，但由于经济发展不平衡、部分人不愿意参加社保等因素，少部分人口仍难以享受基本社会保障。因此，到 2020 年覆盖率不可能达到 100.00%。

据预测，到 2020 年，在政策规定范围内，城镇参加基本养老保险和基本医疗保险的覆盖率可达 95.00%以上；农村参加新型农村合作医疗制度地区基本全覆盖，基本养老保险覆盖率可达 60.00%。按上述预测推算，2020 年全国基本社会保障覆盖率应当不低于 90.00%。

27. 国家财政用于社会保障的支出占财政支出比重不低于 15.00%

2004 年，时任国家劳动和社会保障部部长郑斯林透露，中国将积极调整政府财政支出结构，特别是加大地方政府对社会保障的财政投入，逐步把社会保障支出占财政支出的比例提高到 15.00%～20.00%。尽管社会保障部门的领导呼吁应当提高社会保障支出占财政支出的比例，但近十多年来国家财政用于社会保障的支出占财政支出比重一直维持在 10.00%左右。考虑到过去我国发展的实际和未来国家政策的倾向，把该指标 2020 年的目标值定为不低于 15.00%较为适宜。

28. 社会安全指数小于等于 92.00

全面建设小康社会的 20 年，既是社会主义市场经济体制的不断完善过程，也是社会经济大发展、大变动的过程，更是各种社会矛盾集中释放的过程。纵观世界多数国家的发展历程以及我国改革开放的经验教训，在一个国家由低收入步入中等收入水平的过程中，伴随着居民收入差距的不断拉大和其他社会矛盾的频发，社会不安定因素也不断增多。尽管我们希望社会安全状况应当越来越好，但结合过去 10 年来的实际，到 2020 年社会安全指数如果能实现小于等于 92.00，便是一个较为理想的状态。

三、资源环境系统

（一）资源状况指标

29. 森林覆盖率达到 23.00%及以上

2010 年时任国务院总理的温家宝主持召开国务院常务会议，审议并原则通过《全国林地保护利用规划纲要（2010—2020 年）》。会议审议通过的《纲要》确定了今后十年全国林地保护利用的主要任务。提出到 2020 年，森林保有量达到 2.23 亿公顷，比 2005 年增加 4 000 万公顷，森林覆盖率达到 23.00%及以上。据此，我们将这一数值确定为本书森林覆盖率 2020 年的目标值

30. 人均水资源拥有量达到不低于 2 050.00m³/人

我国当前水资源短缺情况十分突出，人均水资源量仅为世界人均水平的 28%，不仅有 2/3 的城市缺水，农村还有近 3 亿人口饮水不够安全。按照联合国人口行动组织 1993 年提出的标准，严重缺水国家的人均水资源量为<1 000.00m³/人·年，人均水资源量在 1 000.00～2 000.00m³/人·年之间为中度缺水，人均水资源量<3 000.00m³/人·年为轻度缺水。我国 2014 年人均水资源量为1 998.60m³/人·年，处于中等缺水国际水平。由于人均水资源量受到自然气候和人口两个因素的影响，因此，考虑到过去十年来我国人均水资源量的变化情况和今后若干年我国水资源的变化趋势，结合今后我国人口数量变化的特点，把 2020 年人均水资源量的目标值定为不低于 2 050.00m³/人·年，争取达到轻度缺水水平。

31. 单位 GDP 能耗不高于 0.90 吨标准煤/万元（GDP 按 2000 年可比价格计算）

由中国科学院可持续发展战略研究组编著的《2009 中国可持续发展战略报告》提出了 2020 年中国低碳经济的发展目标，那就是单位 GDP 能耗水平比 2005 年降低 40%～60%。由于我国万元国内生产总值的能源消耗量已经

由 2005 年的 1.64 吨标准煤/万元（GDP 按 2000 年可比价格计算）降低到 2014 年的 1.15 吨标准煤/万元（GDP 按 2000 年可比价格计算），9 年时间降低了近 30%，节能减排效果明显。因此，根据中国科学院的预测目标，结合我国近十年万元国内生产总值的能源消耗量的实际降低情况，以及节能减排方面有关政策措施的更好落实，将 2020 年单位 GDP 能耗目标值确定为不高于 0.90 吨标准煤/万元（GDP 按 2000 年可比价格计算）较为科学。

（二）环境状况指标

32. 环境污染治理投资相当于 GDP 比重不低于 2.00%

我国自 2000 年以来，在党中央、国务院的高度重视下，各级政府不断加大对环境污染治理的投资。近年来，环境污染治理投资相当于 GDP 的比重维持在 1.50%以上。随着我国经济的不断发展，环境状况也要随之改善，环境污染治理方面的投资也要不断加大投入。因此，我们将 2020 年环境污染治理投资相当于 GDP 比重的目标值确定为不低于 2.00%。

33. 人均二氧化碳排放量不高于 6.50 吨/年·人

虽然中国的二氧化碳排放总量自 2006 年就位居世界第一，但人均排放量却不高。据有关媒体报道，由欧洲联盟委员会和荷兰环境评估署联合组成的 EDGAR 公布了主要国家的二氧化碳排放估计数，2013 年中国人均二氧化碳排放量为 7.40 吨，远低于同期美国的 16.60 吨和俄罗斯的 12.60 吨，略高于欧盟 7.30 吨的人均水平。全球二氧化碳排放总量为 352.70 亿吨，人均二氧化碳排放量约为 4.90 吨。与世界的平均水平相比，我国的人均二氧化碳排放量还有一定差距。因此，根据我国目前人均二氧化碳排放量的实际水平，在今后短期内要想大幅度降低人均二氧化碳排放量是难以做到的。但是，我国作为一个负责任的大国，又在减少全球碳排放量方面做出过严正承诺。综合考虑上述因素，并参照全球和欧盟 2013 年人均二氧化碳排放量的平均水平，将我国 2020 年人均二氧化碳排放量的目标值定为不高于 6.50 吨/年·人较为适宜。

第四节　社会统计指标权重体系的确定

某项指标的权重是在进行综合评价过程中对该项指标重要程度的反映，是对决策（或评估）问题中该指标相对重要程度的一种主观评价和客观反映的综合度量。权重的赋值合理与否，对评价结果的科学合理性起着至关重要的作用。因此，对指标权重的赋值必须做到科学合理。

目前，国内外关于确定评价指标权重的方法有数十种之多，根据计算权重时原始数据来源以及计算过程的不同，这些方法大致可分为三大类：一类为主观赋权法，另一类为客观赋权法，再一类为主客观综合集成赋权法。其中，主观赋权法采取定性的方法，由专家根据经验进行主观判断确定权重体系，然后再对指标进行综合评估。具体包括层次分析法、专家调查法、模糊分析法等权重确定方法。

本书根据社会统计指标体系内各指标反映内容的重要程度及指标实际情况，采用专家调查法及层次分析法对指标体系的各大类、中类及单项指标进行了权重的确定，权重体系如表 6-3 所示：

表 6-3　　社会统计指标权重体系

序号	项目	权重（%）
一	**经济与科技指标子系统（大类）**	***25***
	（一）经济类指标（中类）	**60**
	1. 人均 GDP（单项）	40
	2. 第三产业增加值占 GDP 比重（单项）	20
	3. 城镇化率（单项）	20
	4. 全员社会劳动生产率（单项）	15
	5. 通货膨胀率（单项）	5
	（二）科技类指标（中类）	**40**
	6. 研发经费支出占 GDP 比重（单项）	100
二	**社会核心指标子系统（大类）**	***60***
	（一）人口与家庭指标（中类）	**20**
	7. 总人口性别比（单项）	15
	8. 人口年龄构成（单项）	15
	9. 人口预期寿命（单项）	35
	10. 人口自然增长率（单项）	25
	11. 粗离婚率（单项）	10
	（二）劳动与就业（中类）	**10**
	12. 城镇人口失业率（单项）	100
	（三）收入与分配指标（中类）	**15**
	13. 人均可支配收入（单项）	60
	14. 基尼系数（单项）	40
	（四）生活质量指标（中类）	**25**
	15. 恩格尔系数（单项）	25

续表

序号	项目	权重（%）
二	16. 人均住房建筑面积（单项）	25
	17. 人均消费水平（单项）	25
	18. 每百人互联网使用人数（单项）	25
	（五）教育、医疗卫生以及文化指标（中类）	**20**
	19. 平均受教育年限（单项）	10
	20. 小学学龄儿童净入学率（单项）	20
	21. 国家财政性教育经费支出占 GDP 的比重（单项）	10
	22. 政府卫生支出占卫生总费用的比重（单项）	15
	23. 每千人口卫生技术人员数（单项）	10
	24. 新生儿死亡率（单项）	15
	25. 文教娱乐用品及服务类支出比重（单项）	20
	（六）社会保障、社会安全与社会活动参与状况（中类）	**10**
	26. 基本社会保险覆盖率（单项）	35
	27. 国家财政用于社会保障的支出占财政支出比重（单项）	30
	28. 社会安全指数（单项）	35
三	**资源环境系统（大类）**	***15***
	（一）资源状况指标（中类）	**50**
	29. 森林覆盖率（单项）	30
	30. 人均水资源量（单项）	30
	31. 单位 GDP 能耗（单项）	40
	（二）环境状况指标（中类）	**50**
	32. 环境污染治理投资占 GDP 比重（单项）	50
	33. 人均二氧化碳排放量（单项）	50

第五节　社会统计指标体系评价值的计算与合成

一、社会统计指标体系指标评价值的计算

对社会统计指标体系中各指标按照无量纲化方法及计算公式为：

指标实现程度（2005 年为基期） $Z_{ij}=\dfrac{X_{ij}-X_{i2005}}{X_{i2020}-X_{i2005}}$ （6.3）

对于目标值比基期值大的逆指标和目标值比基期值小的正指标，则需采用下述公式计算：

$$Z_{ij}=\frac{X_{ij}-X_{i2020}}{X_{i2005}-X_{i2020}} \quad (6.4)$$

式（6.3）和（6.4）中的 i 表示指标体系中各指标（$i=1，2，\cdots，33$），j 表示实际年份，取值范围为 2006—2014 年。经过无量纲化处理后，所得各指标实现程度 Z_{ij} 即代表第 i 个指标第 j 年的评价值，指标评价值取值越大，说明该指标在第 j 年在以 2005—2020 年社会发展指标为依据，以 2005 年为发展基期，2020 年为发展目标的评价体系中实现程度越高，该指标在第 j 年的发展状况越理想。如 2014 年经济与科技指标子系统——经济类指标中的人均 GDP 指标实现程度为 95.94%，说明 2014 年该指标完成了 2005—2020 年社会发展指标中该指标目标的 95.94%，距离实现这一目标值还相差 4.06%。

2006—2014 年社会统计指标体系各指标评价值如表 6-4 所示（各指标实现程度即为指标评价值）：

表 6-4（一） 2005—2020 年社会发展指标之 2006 年的实现情况

编号	监测指标	单位	2005 年基期值	2006 年实际值	2020 年目标值	2006 年实现程度（%）
1.1	**经济指标**					
1	人均 GDP	元	14 259	16 602	≥48 000	6.94
2	第三产业增加值占 GDP 比重	%	41.4	41.9	≥60.0	2.69
3	城镇化率	%	42.99	44.34	≥60.00	7.94
4	全员社会劳动生产率	元/人·年	21 350	23 944	≥69 632	5.37
5	通货膨胀率	%	1.8	1.5	≤4.0	113.64
1.2	**科技指标**					
6	研发经费支出占 GDP 的比重	%	1.32	1.38	≥2.40	5.56
2.1	**人口与家庭指标**					
7	总人口性别比	1	1.060 0	1.062 9	≤1.020 0	0.23
8	人口年龄构成（0～14 岁）	%	20.3	19.8	≥17.0	84.85
	人口年龄构成（15～64 岁）	%	72.0	72.3	≥74.0	15.00
	人口年龄构成（65 岁及以上）	%	7.7	7.90	≤9.0	84.62

续表

编号	监测指标	单位	2005年基期值	2006年实际值	2020年目标值	2006年实现程度（%）
9	人口预期寿命	岁	74	74	≥77	0.00
10	人口自然增长率	‰	5.89	5.28	≤5.00	68.54
11	粗离婚率	‰	1.37	1.46	≤2.00	85.71
2.2	**劳动与就业指标**					
12	城镇登记人口失业率	%	4.20	4.10	≤4.00	50.00
2.3	**收入与分配指标**					
13	人均可支配收入	元	5 890	6 555	≥18 293	5.36
14	基尼系数	1	0.485	0.487	≤0.380	−1.90
2.4	**生活质量指标**					
15	按城乡居民人口数加权计算的综合恩格尔系数	%	41.77	39.86	≤40.00	107.91
16	城镇人均住房建筑面积	m^2/人	27.8	28.5	≥35.0	9.72
	农村人均住房建筑面积	m^2/人	29.7	30.7	≥40.0	9.71
17	人均消费水平	元/人	5 323	5 773	≥14 711	4.79
18	每百人互联网使用人数	人	8.5	10.5	≥72.0	3.15
2.5	**教育、医疗及文化指标**					
19	平均受教育年限	年/人	8.2	8.3	≥10.5	4.35
20	小学学龄儿童净入学率	%	99.2	99.3	=100.0	12.50
21	国家财政性教育经费支出占GDP的比重	%	2.78	2.92	≥5.00	6.31
22	政府卫生支出占卫生总费用的比重	%	17.93	18.07	≥35.00	0.82
23	每千人口卫生技术人员数	人	3.57	3.66	≥7.00	2.62
24	新生儿死亡率	‰	13.2	12.0	≤3.3	12.12
25	文教娱乐用品及服务类支出占消费支出的比重	%	12.52	12.12	≥16.00	−11.49
2.6	**社会保障、社会安全与社会活动参与状况指标**					
26	基本社会保险覆盖率	%	22.84	32.92	≥90.00	≥15.00

续表

编号	监测指标	单位	2005年基期值	2006年实际值	2020年目标值	2006年实现程度（%）
27	国家财政用于社会保障的支出占财政支出比重	%	10.90	10.79	≥15.00	−2.68
28	社会安全指数	1	95.95	88.86	≤92.00	179.59
3.1	**资源状况指标**					
29	森林覆盖率	%	18.21	18.21	≥23.00	0.00
30	人均水资源量	m^3/人	2 151.80	1 932.09	≥2 050.00	−115.83
31	单位GDP能耗	吨标准煤/万元	1.64	1.59	≤0.90	6.76
3.2	**环境状况指标**					
32	环境污染治理投资占GDP比重	%	1.28	1.18	≥2.00	−13.89
33	人均二氧化碳排放量	吨/人·年	4.44	4.89	≤6.50	78.16

表6-4（二）　2005—2020年社会发展指标之2007年的实现情况

编号	监测指标	单位	2005年基期值	2007年实际值	2020年目标值	2007年实现程度（%）
1.1	**经济指标**					
1	人均GDP	元	14 259	20 337	≥48 000	18.01
2	第三产业增加值占GDP比重	%	41.4	42.9	≥60.0	8.06
3	城镇化率	%	42.99	45.89	≥60.00	17.05
4	全员社会劳动生产率	元/人·年	21 350	27 221	≥69 632	12.16
5	通货膨胀率	%	1.8	4.8	≤4.0	−36.36
1.2	**科技指标**					
6	研发经费支出占GDP的比重	%	1.32	1.38	≥2.40	5.56
2.1	**人口与家庭指标**					
7	总人口性别比	1	1.060 0	1.061 9	≤1.020 0	2.56
8	人口年龄构成（0～14岁）	%	20.3	19.4	≥17.0	72.73
	人口年龄构成（15～64岁）	%	72.0	72.5	≥74.0	25.00
	人口年龄构成（65岁及以上）	%	7.7	8.1	≤9.0	69.23
9	人口预期寿命	岁	74	74	≥77	0.00
10	人口自然增长率	‰	5.89	5.17	≤5.00	80.90
11	粗离婚率	‰	1.37	1.59	≤2.00	65.08

续表

编号	监测指标	单位	2005年基期值	2007年实际值	2020年目标值	2007年实现程度（%）
2.2	**劳动与就业指标**					
12	城镇登记人口失业率	%	4.20	4.0	≤4.00	100.00
2.3	**收入与分配指标**					
13	人均可支配收入	元	5 890	7 436	≥18 293	12.46
14	基尼系数	1	0.485	0.484	≤0.380	0.95
2.4	**生活质量指标**					
15	按城乡居民人口数加权计算的综合恩格尔系数	%	41.77	40.03	≤40.00	98.31
16	城镇人均住房建筑面积	m^2/人	27.8	30.1	≥35.0	31.94
	农村人均住房建筑面积	m^2/人	29.7	31.6	≥40.0	18.45
17	人均消费水平	元/人	5 323	6 509	≥14 711	12.63
18	每百人互联网使用人数	人	8.5	16.0	≥72.0	11.81
2.5	**教育、医疗及文化指标**					
19	平均受教育年限	年/人	8.2	8.4	≥10.5	8.70
20	小学学龄儿童净入学率	%	99.2	99.5	=100.0	37.50
21	国家财政性教育经费支出占GDP的比重	%	2.78	3.09	≥5.00	13.96
22	政府卫生支出占卫生总费用的比重	%	17.93	22.31	≥35.00	25.66
23	每千人口卫生技术人员数	人	3.57	3.76	≥7.00	5.54
24	新生儿死亡率	‰	13.2	10.7	≤3.3	25.25
25	文教娱乐用品及服务类支出占消费支出的比重	%	12.52	11.20	≥16.00	−37.93
2.6	**社会保障、社会安全与社会活动参与状况指标**					
26	基本社会保险覆盖率	%	22.84	47.91	≥90.00	37.33
27	国家财政用于社会保障的支出占财政支出比重	%	10.90	10.94	≥15.00	0.98
28	社会安全指数	1	958.95	98.09	≤92.00	−54.25
3.1	**资源状况指标**					
29	森林覆盖率	%	18.21	18.21	≥23.00	0.00
30	人均水资源量	m^3/人	2 151.80	1 916.34	≥2 050.00	−131.30
31	单位GDP能耗	吨标准煤/万元	1.64	1.51	≤0.90	17.57
3.2	**环境状况指标**					
32	环境污染治理投资占GDP比重	%	1.28	1.26	≥2.00	−2.78
33	人均二氧化碳排放量	吨/人·年	4.44	5.15	≤6.50	65.53

表 6-4（三）　2005—2020 年社会发展指标之 2008 年的实现情况

编号	监测指标	单位	2005 年基期值	2008 年实际值	2020 年目标值	2008 年实现程度（%）
1.1	**经济指标**					
1	人均 GDP	元	14 259	23 912	≥48 000	28.61
2	第三产业增加值占 GDP 比重	%	41.4	42.9	≥60.0	8.06
3	城镇化率	%	42.99	46.99	≥60.00	23.52
4	全员社会劳动生产率	元/人·年	21 350	29 724	≥69 632	17.34
5	通货膨胀率	%	1.8	5.9	≤4.0	−86.36
1.2	**科技指标**					
6	研发经费支出占 GDP 的比重	%	1.32	1.46	≥2.40	12.96
2.1	**人口与家庭指标**					
7	总人口性别比	1	1.060 0	1.060 7	≤1.020 0	5.35
8	人口年龄构成（0～14 岁）	%	20.3	19.0	≥17.0	60.61
	人口年龄构成（15～64 岁）	%	72.0	72.7	≥74.0	35.00
	人口年龄构成（65 岁及以上）	%	7.7	8.3	≤9.0	53.85
9	人口预期寿命	岁	74	75	≥77	33.33
10	人口自然增长率	‰	5.89	5.08	≤5.00	91.01
11	粗离婚率	‰	1.37	1.71	≤2.00	46.03
2.2	**劳动与就业指标**					
12	城镇登记人口失业率	%	4.20	4.20	≤4.00	0.00
2.3	**收入与分配指标**					
13	人均可支配收入	元	5 890	8 180	≥18 293	18.46
14	基尼系数	1	0.485	0.491	≤0.38	−5.71
2.4	**生活质量指标**					
15	按城乡居民人口数加权计算的综合恩格尔系数	%	41.77	41.01	≤40.00	42.94
16	城镇人均住房建筑面积	m^2/人	27.8	30.6	≥35.0	38.89
	农村人均住房建筑面积	m^2/人	29.7	32.4	≥40.0	26.21
17	人均消费水平	元/人	5 323	7 050	≥14 711	18.40
18	每百人互联网使用人数	人	8.5	22.6	≥72.0	22.20
2.5	**教育、医疗及文化指标**					
19	平均受教育年限	年/人	8.2	8.6	≥10.5	17.39
20	小学学龄儿童净入学率	%	99.2	99.5	=100.0	37.50
21	国家财政性教育经费支出占 GDP 的比重	%	2.78	3.30	≥5.00	23.42
22	政府卫生支出占卫生总费用的比重	%	17.93	24.73	≥35.00	39.84

续表

编号	监测指标	单位	2005年基期值	2008年实际值	2020年目标值	2008年实现程度（%）
23	每千人口卫生技术人员数	人	3.57	3.92	≥7.00	10.20
24	新生儿死亡率	‰	13.2	10.2	≤3.3	30.30
25	文教娱乐用品及服务类支出占消费支出的比重	%	12.52	10.21	≥16.00	−66.38
2.6	**社会保障、社会安全与社会活动参与状况指标**					
26	基本社会保险覆盖率	%	22.84	55.45	≥90.00	48.56
27	国家财政用于社会保障的支出占财政支出比重	%	10.90	10.87	≥15.00	−0.73
28	社会安全指数	1	95.95	95.42	≤92.00	13.42
3.1	**资源状况指标**					
29	森林覆盖率	%	18.21	18.21	≥23.00	0.00
30	人均水资源量	m^3/人	2 151.80	2 071.05	≥2 050.00	20.68
31	单位GDP能耗	吨标准煤/万元	1.64	1.42	≤0.90	29.73
3.2	**环境状况指标**					
32	环境污染治理投资占GDP比重	%	1.28	1.56	≥2.00	38.89
33	人均二氧化碳排放量	吨/人·年	4.44	5.31	≤6.50	57.77

表6-4（四） 2005—2020年社会发展指标之2009年的实现情况

编号	监测指标	单位	2005年基期值	2009年实际值	2020年目标值	2009年实现程度（%）
1.1	**经济指标**					
1	人均GDP	元	14 259	25 963	≥48 000	34.69
2	第三产业增加值占GDP比重	%	41.4	44.4	≥60.0	16.13
3	城镇化率	%	42.99	48.34	≥60.00	31.45
4	全员社会劳动生产率	元/人·年	21 350	32 360	≥69 632	22.80
5	通货膨胀率	%	1.8	−0.7	≤4.0	213.64
1.2	**科技指标**					
6	研发经费支出占GDP的比重	%	1.32	1.68	≥2.40	33.33
2.1	**人口与家庭指标**					
7	总人口性别比	1	1.060 0	1.059 3	≤1.020 0	8.60
8	人口年龄构成（0～14岁）	%	20.3	18.5	≥17.0	45.45
	人口年龄构成（15～64岁）	%	72.0	73.0	≥74.0	50.00
	人口年龄构成（65岁及以上）	%	7.7	8.5	≤9.0	38.46

续表

编号	监测指标	单位	2005年基期值	2009年实际值	2020年目标值	2009年实现程度（%）
9	人口预期寿命	岁	74	75	≥77	33.33
10	人口自然增长率	‰	5.89	4.87	≤5.00	114.61
11	粗离婚率	‰	1.37	1.85	≤2.00	23.81
2.2	**劳动与就业指标**					
12	城镇登记人口失业率	%	4.20	4.30	≤4.00	−50.00
2.3	**收入与分配指标**					
13	人均可支配收入	元	5 890	9 085	≥18 293	25.76
14	基尼系数	1	0.485	0.490	≤0.380	−4.76
2.4	**生活质量指标**					
15	按城乡居民人口数加权计算的综合恩格尔系数	%	41.77	38.85	≤40.00	164.97
16	城镇人均住房建筑面积	m^2/人	27.8	31.3	≥35.0	48.61
	农村人均住房建筑面积	m^2/人	29.7	33.6	≥40.0	37.86
17	人均消费水平	元/人	5 323	7 743	≥14 711	25.78
18	每百人互联网使用人数	人	8.5	28.9	≥72.0	32.13
2.5	**教育、医疗及文化指标**					
19	平均受教育年限	年/人	8.2	8.7	≥10.5	21.74
20	小学学龄儿童净入学率	%	99.2	99.4	=100.0	25.00
21	国家财政性教育经费支出占GDP的比重	%	2.78	3.54	≥5.00	34.23
22	政府卫生支出占卫生总费用的比重	%	17.93	27.50	≥35.00	56.06
23	每千人口卫生技术人员数	人	3.57	4.15	≥7.00	16.91
24	新生儿死亡率	‰	13.20	9.0	≤3.3	42.42
25	文教娱乐用品及服务类支出占消费支出的比重	%	12.52	10.19	≥16.00	−66.95
2.6	**社会保障、社会安全与社会活动参与状况指标**					
26	基本社会保险覆盖率	%	22.84	59.75	≥90.00	54.96
27	国家财政用于社会保障的支出占财政支出比重	%	10.90	9.97	≥15.00	−22.68
28	社会安全指数	1	95.95	98.62	≤92.00	−67.86
3.1	**资源状况指标**					
29	森林覆盖率	%	18.21	20.36	≥23.00	44.89
30	人均水资源量	m^3/人	2 151.80	1 816.18	≥2 050.00	−229.69

续表

编号	监测指标	单位	2005年基期值	2009年实际值	2020年目标值	2009年实现程度（%）
31	单位GDP能耗	吨标准煤/万元	1.64	1.36	≤0.90	37.84
3.2	**环境状况指标**					
32	环境污染治理投资占GDP比重	%	1.28	1.52	≥2.00	33.33
33	人均二氧化碳排放量	吨/人·年	4.44	5.77	≤6.50	35.44

表6-4（五）　2005—2020年社会发展指标之2010年的实现情况

编号	监测指标	单位	2005年基期值	2010年实际值	2020年目标值	2010年实现程度（%）
1.1	**经济指标**					
1	人均GDP	元	14 259	30 567	≥48 000	48.33
2	第三产业增加值占GDP比重	%	41.4	44.2	≥60.0	15.05
3	城镇化率	%	42.99	49.95	≥60.00	40.92
4	全员社会劳动生产率	元/人·年	21 350	35 673	≥69 632	29.67
5	通货膨胀率	%	1.8	3.3	≤4.0	31.82
1.2	**科技指标**					
6	研发经费支出占GDP的比重	%	1.32	1.73	≥2.40	37.96
2.1	**人口与家庭指标**					
7	总人口性别比	1	1.060 0	1.052 1	≤1.020 0	25.35
8	人口年龄构成（0～14岁）	%	20.3	16.6	≥17.0	−12.12
	人口年龄构成（15～64岁）	%	72.0	74.5	≥74.0	125.00
	人口年龄构成（65岁及以上）	%	7.7	8.9	≤9.0	7.69
9	人口预期寿命	岁	74	75	≥77	33.33
10	人口自然增长率	‰	5.89	4.79	≤5.00	123.60
11	粗离婚率	‰	1.37	2.00	≤2.00	0.00
2.2	**劳动与就业指标**					
12	城镇登记人口失业率	%	4.20	4.10	≤4.00	50.00
2.3	**收入与分配指标**					
13	人均可支配收入	元	5 890	10 026	≥18 293	33.35
14	基尼系数	1	0.485	0.481	≤0.380	3.81

续表

编号	监测指标	单位	2005年基期值	2010年实际值	2020年目标值	2010年实现程度（%）
2.4	**生活质量指标**					
15	按城乡居民人口数加权计算的综合恩格尔系数	%	41.77	38.45	≤40.00	187.57
16	城镇人均住房建筑面积	m^2/人	27.8	31.6	≥35.0	52.78
	农村人均住房建筑面积	m^2/人	29.7	34.1	≥40.0	42.72
17	人均消费水平	元/人	5 323	8 486	≥14 711	33.69
18	每百人互联网使用人数	人	8.5	34.3	≥72.0	40.63
2.5	**教育、医疗及文化指标**					
19	平均受教育年限	年/人	8.2	8.8	≥10.5	26.09
20	小学学龄儿童净入学率	%	99.2	99.7	=100.0	62.50
21	国家财政性教育经费支出占GDP的比重	%	2.78	3.59	≥5.00	36.49
22	政府卫生支出占卫生总费用的比重	%	17.93	28.69	≥35.00	63.03
23	每千人口卫生技术人员数	人	3.57	4.37	≥7.00	23.32
24	新生儿死亡率	‰	13.2	8.3	≤3.3	49.49
25	文教娱乐用品及服务类支出占消费支出的比重	%	12.52	10.19	≥16.00	−66.95
2.6	**社会保障、社会安全与社会活动参与状况指标**					
26	基本社会保险覆盖率	%	22.84	66.39	≥90.00	64.85
27	国家财政用于社会保障的支出占财政支出比重	%	10.90	10.16	≥15.00	−18.05
28	社会安全指数	1	95.95	100.67	≤92.00	−119.58
3.1	**资源状况指标**					
29	森林覆盖率	%	18.21	20.36	≥23.00	44.89
30	人均水资源量	m^3/人	2 151.80	2 310.41	≥2 050.00	255.81
31	单位GDP能耗	吨标准煤/万元	1.64	1.33	≤0.90	41.89
3.2	**环境状况指标**					
32	环境污染治理投资占GDP比重	%	1.28	1.86	≥2.00	80.56
33	人均二氧化碳排放量	吨/人·年	4.44	6.20	≤6.50	14.56

表 6-4（六） 2005—2020 年社会发展指标之 2011 年的实现情况

编号	监测指标	单位	2005 年基期值	2011 年实际值	2020 年目标值	2011 年实现程度（%）
1.1	**经济指标**					
1	人均 GDP	元	14 259	36 018	≥48 000	64.49
2	第三产业增加值占 GDP 比重	%	41.4	44.3	≥60.0	15.59
3	城镇化率	%	42.99	51.27	≥60.00	48.68
4	全员社会劳动生产率	元/人·年	21 350	38 905	≥69 632	36.36
5	通货膨胀率	%	1.8	5.4	≤4.0	−63.64
1.2	**科技指标**					
6	研发经费支出占 GDP 的比重	%	1.32	1.79	≥2.40	43.52
2.1	**人口与家庭指标**					
7	总人口性别比	1	1.060 0	1.051 8	≤1.020 0	26.05
8	人口年龄构成（0～14 岁）	%	20.3	16.5	≥17.0	−15.15
	人口年龄构成（15～64 岁）	%	72.0	74.4	≥74.0	120.00
	人口年龄构成（65 岁及以上）	%	7.7	9.1	≤9.0	−7.69
9	人口预期寿命	岁	74	75	≥77	33.33
10	人口自然增长率	‰	5.89	4.79	≤5.00	123.60
11	粗离婚率	‰	1.37	2.13	≤2.00	−20.63
2.2	**劳动与就业指标**					
12	城镇登记人口失业率	%	4.20	4.10	≤4.00	50.00
2.3	**收入与分配指标**					
13	人均可支配收入	元	5 890	11 115	≥18 293	42.13
14	基尼系数	1	0.485	0.477	≤0.380	7.62
2.4	**生活质量指标**					
15	按城乡居民人口数加权计算的综合恩格尔系数	%	41.77	38.32	≤40.00	194.92
16	城镇人均住房建筑面积	m^2/人	27.8	32.7	≥35.0	68.06
	农村人均住房建筑面积	m^2/人	29.7	36.2	≥40.0	63.11
17	人均消费水平	元/人	5 323	9 422	≥14 711	43.66
18	每百人互联网使用人数	人	8.5	38.3	≥72.0	46.93
2.5	**教育、医疗及文化指标**					
19	平均受教育年限	年/人	8.2	8.9	≥10.5	30.43
20	小学学龄儿童净入学率	%	99.2	99.8	=100.0	75.00
21	国家财政性教育经费支出占 GDP 的比重	%	2.78	3.84	≥5.00	47.75
22	政府卫生支出占卫生总费用的比重	%	17.93	30.40	≥35.00	73.05

续表

编号	监测指标	单位	2005 年基期值	2011 年实际值	2020 年目标值	2011 年实现程度（%）
23	每千人口卫生技术人员数	人	3.57	4.58	≥7.00	29.45
24	新生儿死亡率	‰	13.2	7.8	≤3.3	54.55
25	文教娱乐用品及服务类支出占消费支出的比重	%	12.52	9.93	≥16.00	−74.43
2.6	**社会保障、社会安全与社会活动参与状况指标**					
26	基本社会保险覆盖率	%	22.84	79.56	≥90.00	84.46
27	国家财政用于社会保障的支出占财政支出比重	%	10.90	10.17	≥15.00	−17.80
28	社会安全指数	1	95.95	96.75	≤92.00	−20.48
3.1	**资源状况指标**					
29	森林覆盖率	%	18.21	20.36	≥23.00	44.89
30	人均水资源量	m^3/人	2 151.80	1 730.40	≥2 050.00	−313.95
31	单位 GDP 能耗	吨标准煤/万元	1.64	1.30	≤0.90	45.95
3.2	**环境状况指标**					
32	环境污染治理投资占 GDP 比重	%	1.28	1.47	≥2.00	26.39
33	人均二氧化碳排放量	吨/人·年	4.44	6.70	≤6.50	−9.71

表 6-4（七） 2005—2020 年社会发展指标之 2012 年的实现情况

编号	监测指标	单位	2005 年基期值	2012 年实际值	2020 年目标值	2012 年实现程度（%）
1.1	**经济指标**					
1	人均 GDP	元	14 259	39 544	≥48 000	74.94
2	第三产业增加值占 GDP 比重	%	41.4	45.5	≥60.0	22.04
3	城镇化率	%	42.99	52.57	≥60.00	56.32
4	全员社会劳动生产率	元/人·年	21 350	41 756	≥69 632	42.26
5	通货膨胀率	%	1.80	2.6	≤4.0	63.64
1.2	**科技指标**					
6	研发经费支出占 GDP 的比重	%	1.32	1.93	≥2.40	56.48
2.1	**人口与家庭指标**					
7	总人口性别比	1	1.060 0	1.051 3	≤1.020 0	27.21
8	人口年龄构成（0～14 岁）	%	20.3	16.5	≥17.0	−15.15
	人口年龄构成（15～64 岁）	%	72.0	74.1	≥74.0	105.00
	人口年龄构成（65 岁及以上）	%	7.7	9.4	≤9.0	−30.77

续表

编号	监测指标	单位	2005年基期值	2012年实际值	2020年目标值	2012年实现程度（%）
9	人口预期寿命	岁	74	75	≥77	33.33
10	人口自然增长率	‰	5.89	4.95	≤5.00	105.62
11	粗离婚率	‰	1.37	2.29	≤2.00	−46.03
2.2	**劳动与就业指标**					
12	城镇登记人口失业率	%	4.20	4.10	≤4.00	50.00
2.3	**收入与分配指标**					
13	人均可支配收入	元	5 890	12 382	≥18 293	52.34
14	基尼系数	1	0.485	0.474	≤0.380	10.48
2.4	**生活质量指标**					
15	按城乡居民人口数加权计算的综合恩格尔系数	%	41.77	37.69	≤40.00	230.51
16	城镇人均住房建筑面积	m^2/人	27.8	33.6	≥35.0	80.56
	农村人均住房建筑面积	m^2/人	29.7	37.2	≥40.0	72.82
17	人均消费水平	元/人	5 323	10 278	≥14 711	52.78
18	每百人互联网使用人数	人	8.5	42.3	≥72.0	53.23
2.5	**教育、医疗及文化指标**					
19	平均受教育年限	年/人	8.2	9.1	≥10.5	39.13
20	小学学龄儿童净入学率	%	99.2	99.9	=100.0	87.50
21	国家财政性教育经费支出占GDP的比重	%	2.78	4.33	≥5.00	69.82
22	政府卫生支出占卫生总费用的比重	%	17.93	29.99	≥35.00	70.65
23	每千人口卫生技术人员数	人	3.57	4.94	≥7.00	39.94
24	新生儿死亡率	‰	13.2	6.9	≤3.3	63.64
25	文教娱乐用品及服务类支出占消费支出的比重	%	12.52	9.96	≥16.00	−73.56
2.6	**社会保障、社会安全与社会活动参与状况指标**					
26	基本社会保险覆盖率	%	22.84	88.66	≥90.00	98.00
27	国家财政用于社会保障的支出占财政支出比重	%	10.90	9.99	≥15.00	−22.20
28	社会安全指数	1	95.95	100.49	≤92.00	−115.12
3.1	**资源状况指标**					
29	森林覆盖率	%	18.21	21.63	≥23.00	71.40
30	人均水资源量	m^3/人	2 151.80	2 186.05	≥2 050.00	133.64
31	单位GDP能耗	吨标准煤/万元	1.64	1.25	≤0.90	52.70

续表

编号	监测指标	单位	2005 年基期值	2012 年实际值	2020 年目标值	2012 年实现程度（%）
3.2	**环境状况指标**					
32	环境污染治理投资占 GDP 比重	%	1.28	1.55	≥2.00	37.50
33	人均二氧化碳排放量	吨/人·年	4.44	6.99	≤6.50	−23.79

表 6-4（八） 2005—2020 年社会发展指标之 2013 年的实现情况

编号	监测指标	单位	2005 年基期值	2013 年实际值	2020 年目标值	2013 年实现程度（%）
1.1	**经济指标**					
1	人均 GDP	元	14 259	43 320	≥48 000	86.13
2	第三产业增加值占 GDP 比重	%	41.4	46.9	≥60.0	29.57
3	城镇化率	%	42.99	53.73	≥60.00	63.14
4	全员社会劳动生产率	元/人·年	21 350	44 801	≥69 632	48.57
5	通货膨胀率	%	1.8	2.6	≤4.0	63.64
1.2	**科技指标**					
6	研发经费支出占 GDP 的比重	%	1.32	2.01	≥2.40	63.89
2.1	**人口与家庭指标**					
7	总人口性别比	1	1.060 0	1.051 0	≤1.020 0	27.91
8	人口年龄构成（0～14 岁）	%	20.3	16.4	≥17.0	−18.18
	人口年龄构成（15～64 岁）	%	72.0	73.9	≥74.0	95.00
	人口年龄构成（65 岁及以上）	%	7.7	9.7	≤9.0	−53.85
9	人口预期寿命	岁	74	75	≥77	33.33
10	人口自然增长率	‰	5.89	4.92	≤5.00	108.99
11	粗离婚率	‰	1.37	2.57	≤2.00	−90.48
2.2	**劳动与就业指标**					
12	城镇登记人口失业率	%	4.20	4.05	≤4.00	75.00
2.3	**收入与分配指标**					
13	人均可支配收入	元	5 890	13 483	≥18 293	61.22
14	基尼系数	1	0.485	0.473	≤0.380	11.43
2.4	**生活质量指标**					
15	按城乡居民人口数加权计算的综合恩格尔系数	%	41.77	36.26	≤40.00	311.30
16	城镇人均住房建筑面积	m^2/人	27.8	34.5	≥35.0	93.06
	农村人均住房建筑面积	m^2/人	29.7	38.2	≥40.0	82.52
17	人均消费水平	元/人	5 323	11 032	≥14 711	60.81

续表

编号	监测指标	单位	2005 年基期值	2013 年实际值	2020 年目标值	2013 年实现程度（%）
18	每百人互联网使用人数	人	8.5	45.8	≥72.0	58.74
2.5	**教育、医疗及文化指标**					
19	平均受教育年限	年/人	8.2	9.2	≥10.5	43.48
20	小学学龄儿童净入学率	%	99.2	99.7	=100.0	62.50
21	国家财政性教育经费支出占 GDP 的比重	%	2.78	4.16	≥5.00	62.16
22	政府卫生支出占卫生总费用的比重	%	17.93	30.14	≥35.00	71.53
23	每千人口卫生技术人员数	人	3.57	5.27	≥7.00	49.56
24	新生儿死亡率	‰	13.2	6.3	≤3.3	69.70
25	文教娱乐用品及服务类支出占消费支出的比重	%	12.52	11.55	≥16.00	−27.87
2.6	**社会保障、社会安全与社会活动参与状况指标**					
26	基本社会保险覆盖率	%	22.84	90.78	≥90.00	101.16
27	国家财政用于社会保障的支出占财政支出比重	%	10.90	10.33	≥15.00	−13.90
28	社会安全指数	1	95.95	97.56	≤92.00	−40.95
3.1	**资源状况指标**					
29	森林覆盖率	%	18.21	21.63	≥23.00	71.40
30	人均水资源量	m^3/人	2 151.80	2 059.69	≥2 050.00	9.52
31	单位 GDP 能耗	吨标准煤/万元	1.64	1.21	≤0.90	58.11
3.2	**环境状况指标**					
32	环境污染治理投资占 GDP 比重	%	1.28	1.54	≥2.00	36.11
33	人均二氧化碳排放量	吨/人·年	4.44	7.41	≤6.50	−44.17

表 6-4（九） 2005—2020 年社会发展指标之 2014 年的实现情况

编号	监测指标	单位	2005 年基期值	2014 年实际值	2020 年目标值	2014 年实现程度（%）
1.1	**经济指标**					
1	人均 GDP	元	14 259	46 629	≥48 000	95.94
2	第三产业增加值占 GDP 比重	%	41.4	48.1	≥60.0	36.02
3	城镇化率	%	42.99	54.77	≥60.00	69.25
4	全员社会劳动生产率	元/人·年	21 350	47 887	≥69 632	54.96
5	通货膨胀率	%	1.8	2.0	≤4.0	90.91

续表

编号	监测指标	单位	2005年基期值	2014年实际值	2020年目标值	2014年实现程度（%）
1.2	**科技指标**					
6	研发经费支出占GDP的比重	%	1.32	2.05	≥2.40	67.59
2.1	**人口与家庭指标**					
7	总人口性别比	1	1.060 0	1.050 6	≤1.020 0	28.84
8	人口年龄构成（0～14岁）	%	20.3	16.5	≥17.0	−15.15
	人口年龄构成（15～64岁）	%	72.0	73.4	≥74.0	70.00
	人口年龄构成（65岁及以上）	%	7.7	10.1	≤9.0	−84.62
9	人口预期寿命	岁	74	76	≥77	66.67
10	人口自然增长率	‰	5.89	5.21	≤5.00	76.40
11	粗离婚率	‰	1.37	2.67	≤2.00	−106.35
2.2	**劳动与就业指标**					
12	城镇登记人口失业率	%	4.20	4.09	≤4.00	55.00
2.3	**收入与分配指标**					
13	人均可支配收入	元	5 890	14 632	≥18 293	70.48
14	基尼系数	1	0.485	0.469	≤0.380	15.24
2.4	**生活质量指标**					
15	按城乡居民人口数加权计算的综合恩格尔系数	%	41.77	34.95	≤40.00	385.31
16	城镇人均住房建筑面积	m^2/人	27.8	35.5	≥35.0	106.94
	农村人均住房建筑面积	m^2/人	29.7	39.2	≥40.0	92.23
17	人均消费水平	元/人	5 323	11 897	≥14 711	70.03
18	每百人互联网使用人数	人	8.5	49.3	≥72.0	64.25
2.5	**教育、医疗及文化指标**					
19	平均受教育年限	年/人	8.2	9.3	≥10.5	47.83
20	小学学龄儿童净入学率	%	99.2	99.8	=100.0	75.00
21	国家财政性教育经费支出占GDP的比重	%	2.78	4.15	≥5.00	61.71
22	政府卫生支出占卫生总费用的比重	%	17.93	29.96	≥35.00	70.47
23	每千人口卫生技术人员数	人	3.57	5.56	≥7.00	58.02
24	新生儿死亡率	‰	13.2	5.9	≤3.3	73.74
25	文教娱乐用品及服务类支出占消费支出的比重	%	12.52	11.65	≥16.00	−25.00
2.6	**社会保障、社会安全与社会活动参与状况指标**					
26	基本社会保险覆盖率	%	22.84	88.96	≥90.00	98.45

续表

编号	监测指标	单位	2005 年基期值	2014 年实际值	2020 年目标值	2014 年实现程度（%）
27	国家财政用于社会保障的支出占财政支出比重	%	10.90	10.52	≥15.00	−9.27
28	社会安全指数	1	95.95	97.72	≤92.00	−44.99
3.1	**资源状况指标**					
29	森林覆盖率	%	18.21	21.63	≥23.00	71.40
30	人均水资源量	m^3/人	2 151.80	1 998.64	≥2 050.00	−50.45
31	单位 GDP 能耗	吨标准煤/万元	1.64	1.15	≤0.90	66.22
3.2	**环境状况指标**					
32	环境污染治理投资占 GDP 比重	%	1.28	1.51	≥2.00	31.94
33	人均二氧化碳排放量	吨/人·年	4.44	7.80	≤6.50	−63.11

二、社会统计指标体系评价值的合成

根据 2006—2014 年各指标评价值（即实现程度）计算结果以及指标权重体系，对各年评价值进行合成。合成公式如下：

$$C_{(zj)} = \sum[\alpha_{(z)} \times Z_{(ij)}] \tag{6.5}$$

$$B_{(cj)} = \sum[\beta_{(c)} \times C_{(zj)}] \tag{6.6}$$

$$A_{(bj)} = \sum[\delta_{(b)} \times B_{(cj)}] \tag{6.7}$$

式（6.5）中，$C_{(zj)}$表示第 j 年第 z 个中类指标综合评价值，$\alpha_{(i)}$表示第 i 个单项指标的权重，如单项指标“人均 GDP”权重值为 40%，$Z_{(ij)}$表示第 j 年第 i 个指标的实际评价值，其中 $\sum\alpha_{(i)} = 1$ 或 100%；式（6.6）中，$B_{(cj)}$表示第 j 年第 c 个大类指标综合评价值，$\beta_{(z)}$表示第 z 个中类指标的权重，如中类指标“经济类指标”权重值为 60%，$C_{(zj)}$表示第 j 年第 z 个中类指标的综合评价值，其中 $\sum\beta_{(z)} = 1$ 或 100%；式（6.7）中，$A_{(j)}$表示第 j 年指标体系综合评价值，$\delta_{(b)}$表示第 b 个大类指标的权重，如大类指标“经济与科技指标子系统”权重值为 25%，$B_{(cj)}$表示第 j 年第 c 个大类指标的综合评价值，其中 $\sum\delta_{(b)} = 1$ 或 100%。

在指标合成的过程中，为防止单个指标的极端值对合成结果造成过大影响，合成前将评价值小于 0 的单项指标的评价值设为 0，将评价值大于 100％的单项指标的评价值设为 100％，在此基础上再加权计算各中类指标、大类指标及整个指标体系的评价值。其中，部分中类指标只包含一个单项指标，此时该中类指标的评价值即该单项指标值在处理成 0～100％之前的评价值。

现以 2014 年社会统计指标体系评价值的合成为例，合成结果如表 6-5 所示：

表 6-5　　2014 年社会统计指标各子系统实现程度

序号	项目	实现程度（％）
一	经济与科技指标子系统	**70.37**
	（一）经济类指标	72.22
	（二）科技类指标	67.59
二	社会核心指标子系统	**57.18**
	（一）人口与家庭指标	46.76
	（二）劳动与就业	55.00
	（三）收入与分配指标	48.39
	（四）生活质量指标	83.57
	（五）教育、医疗卫生以及文化指标	53.39
	（六）社会保障、社会安全与社会活动参与状况	34.98
三	资源环境子系统	**31.94**
	（一）资源状况指标	47.91
	（二）环境状况指标	15.97

对各子系统实现程度进行加权，可以得到如下 2014 年社会统计指标体系综合评价值，我们将这一综合评价值称为社会发展指数。

$$70.37\%\times25\%+57.18\%\times60\%+30.36\%\times15\%=56.69\%$$

上述合成结果表明，2014 年实现 2005—2020 年社会发展目标的程度为 56.69％，即我国的社会发展指数为 56.69％，距离全部实现目标值还相差 43.31％。

对 2006—2014 年各年社会统计指标体系评价值进行计算及合成，得出历年社会发展指数如表 6-6 所示：

表 6-6　　2006—2014 年社会社会发展目标实现程度综合评价结果

	2006 年	2007 年	2008 年	2009 年	2010 年	2011 年	2012 年	2013 年	2014 年
实现程度（％）	21.97	25.09	24.42	31.80	42.13	42.12	51.19	53.63	56.69

表 6-6 显示了我国 2006—2014 年各年社会发展指数分别为 21.97%、25.09%、24.42%、31.80%、42.13%、42.12%、51.19%、53.63% 以及 56.69%。9 年间社会发展指数不断提高，从 2006 年的 21.97%发展到 2014 年的 56.69%，实现程度已经过半，年均增长速度为 12.58%。然而，考虑到从 2015 年算起距离 2020 年只剩下 6 年时间，届时要全面实现甚至超额实现我国社会发展的目标，今后仍需做出更大努力。

第六节 我国社会发展状况的分析与评价

一、2014 年我国社会发展状况分析

（一）评价 2014 年社会指标实现目标值程度的标准

如果我们以 2006 年为基期，以 2020 年为目标期，并且将 2020 年实现目标值程度定为 100%，那么，这段时间理论上的年均发展速度应当为：

$$\sqrt[14]{\frac{100\%}{21.97\%}}=111.43\%$$

理论上，各年实现目标值的程度需要达到如表 6-7 的水平：

表 6-7　　2006—2014 年各年理论上应当实现社会发展目标的程度

	2006 年	2007 年	2008 年	2009 年	2010 年	2011 年	2012 年	2013 年	2014 年
实现程度（%）	21.97	24.48	27.28	30.40	33.87	37.74	42.06	46.86	52.22

根据这一水平，在对 2014 年社会指标，包括整个社会指标体系（社会发展指数）以及各大类、中类和小类指标实现 2020 年目标值的程度进行评价时，做出如下规定：35%以下为很不理想；35%～45%为不理想；45%～55%为比较理想；55%～65%为理想；65%以上为十分理想。

（二）2014 年我国社会整体发展状况的分析评价

通过对社会统计指标体系内各指标的计算、合成，我们得到了 2014 年社会发展指数为 56.69%。这一数值表明，2014 年我国社会整体发展状况实现了 2020 年发展目标的 56.69%，距离全面实现 2020 年的社会发展目标还相差 43.31%。依照上述评价标准，我们认为，在过去的 9 年时间里，我国社会的整体发展取得了很大成就，实现目标值的进度处于理想状态水平，实际值比理论值高出了 4.47 个百

分点。这一成绩来之不易，这与我们党和政府近些年在继续关注经济发展的同时不断加强对社会事业发展的关注，以及全国人民的不断努力分不开。

但是，在肯定过去社会事业整体发展取得优异成绩的同时，我们必须清醒地认识到，社会指标体系中的三大类之间实现的程度还不够均衡，随着社会各项事业的发展不断向既定目标靠近，其实现的难度也将会越来越大。我们必须做好充分的思想准备，去迎接今后更大的挑战。

（三）2014 年我国各大类社会统计指标发展状况的综合分析

1. 各大类社会统计指标的基本状况

对 2014 年社会统计指标体系各大类指标评价值进行计算、合成后，其结果如表 6-8 所示：

表 6-8　　2014 年社会指标各子系统实现程度

序号	项目	实现程度（%）
一	经济与科技指标子系统	**70.37**
	（一）经济类指标	72.22
	（二）科技类指标	67.59
二	社会核心指标子系统	**57.18**
	（一）人口与家庭指标	46.76
	（二）劳动与就业	55.00
	（三）收入与分配指标	48.39
	（四）生活质量指标	83.57
	（五）教育、医疗卫生以及文化指标	53.39
	（六）社会保障、社会安全与社会活动参与状况	34.98
三	资源环境子系统	**31.94**
	（一）资源状况指标	47.91
	（二）环境状况指标	15.97

从表 6-8 中可以看出，在各项大类社会统计指标中，“经济与科技子系统”综合评价值为 70.37%，即在经济与科技子系统方面，2014 年实现了 2005—2020 年期间该发展目标的 70.37%，依据评价标准，该大类指标的实现进程处于十分理想状态。

“社会核心指标子系统”的综合评价值为 57.18%，即社会核心子系统方面，2014 年实现了 2005—2020 年该大类社会指标发展目标的 57.18%。按照评价标准，其实现程度为理想。

“资源环境子系统”综合评价值为 31.94%，即资源环境子系统方面，2014 年实现 2005—2020 年该大类社会指标发展目标的程度仅为 31.94%，处于很不理想的状态。

由此我们认为，尽管 2014 年社会发展整体状况处于理想水平，但各大类指标的发展情况表现得很不均衡，没有达到三个子系统协调发展的理想状态。其中，经济与科技子系统指标在目标的实现程度方面表现得十分理想，仅用 9 年的时间就实现了 15 年期间发展目标的 70.37%，超额完成了该时期内应当完成的预期目标。社会核心指标子系统指标的目标实现程度总体上为理想，达到了 2020 年目标值的 57.18%，在三大类指标中处于中间水平。与经济与科技子系统指标以及社会核心指标子系统指标发展状态相比，资源环境子系统指标在目标的实现程度方面表现得很不理想，目标值实现程度仅为 31.94%。这表明，我国自 2005 年以来，在改善资源环境方面的进步十分缓慢。这一状况令人担忧，应当引起相关部门及全社会的足够重视。

2. 激励经济科技子系统发展结果十分理想的原因分析及其对策建议

（1）经济科技子系统发展结果十分理想的原因分析。综合分析经济与科技的发展状况，我们认为，激励经济科技子系统发展结果十分理想的主要原因在于：

首先，我们继续沿袭了 1978 年改革开放以来所奉行的以经济建设为中心的发展理念，经过 30 多年经济的快速发展，各项经济指标都取得了令人瞩目的成绩。尤其是经济总量已跃居世界第二的位置，从而使人均 GDP 指标的实现程度达到了 95.94%，极大地拉动了这一类指标的整体实现程度。

其次，2014 年随着经济发展速度的下滑，通货膨胀率也处于较低的水平，进而使其对经济与科技类指标的整体实现程度也起了很大的促进作用。

最后，由于近些年我们不断强调科技对促进经济发展的重要作用，政府逐年增加对科技的投入，从而使这一指标的实现程度也非常理想，并对该大类指标的实现程度产生很大影响。

（2）进一步促进经济与科技健康发展的对策建议。

首先，在注重经济总量发展的同时，注重质的提高，注意讲求经济效益，使经济总量中包含更多对人民生活、社会健康发展有益的内容。

其次，注重产业结构调整，使经济发展与高水平的产业结构相匹配。从经济类指标的内部发展状况看，尽管我们将第三产业增加值占 GDP 比重的目标值定得并不高（与国际标准比），但 2014 年的实现程度仍然处于 36.02% 的较低水平，按照标准则为不理想。因此，今后应当大力发展第三产业，同时还要注意其他产业的不断升级换代。

最后，应当注意不断提高劳动生产率，争取在一定的人力、物力、财力和时间投入的情况下，提高在单位人力、单位物力、单位财力和单位时间内的产出量，使全员劳动生产率对整个经济与科技类指标实现程度起到更大的推动作用。

3. 促进社会核心指标子系统发展结果理想的原因分析及其对策建议

（1）社会核心指标子系统发展结果理想的原因分析。通过分析研究，我们认为，导致2014年社会核心指标子系统发展状况理想的主要原因有：

第一，2005年以来，随着我国经济的不断发展，我国居民的可支配收入也得到不断地提高。从2014年的实际数据看，我国居民的人均可支配收入已经达到14 632元（按2000年不变价格计算），实现目标值的进程已达70.48%，对整个社会核心指标子系统的实现程度起到很大的促进作用。

第二，伴随着居民可支配收入水平的不断提高，我国人民群众的物质生活水平也得到极大的提高。2014年居民的恩格尔系数降低到34.95%；城乡居民的人均居住建筑面积分别达到35.5m^2和39.2m^2，居民生活质量指标实现程度十分理想，达到83.57%的水平，成为十个中类指标中实现程度最高的一类指标。

第三，由于我国向来十分重视义务教育和医疗水平的提高，使小学学龄儿童净入学率和新生儿死亡率两个指标2014年的实现状况都十分理想，分别达到75.00%和73.74%，从而促使整个社会核心指标实现的进度达到了理想水平。

第四，近些年随着政府不断重视卫生医疗体制的改革和不断加大对医疗卫生方面的投入，使得政府卫生支出占卫生总费用的比重不断提高，由2005年的17.93%提高到2014年的29.96%，9年时间提高了67.09%，在很大程度上推进了社会核心指标的实现。

第五，由于近些年我国不断加强对社会基本保险制度的建设和完善，使基本社会保险覆盖率提高到一个很高的程度，2014年为88.96%，离2020年90%的目标值只差1.04%，实现程度高达98.45%。从而也为整个社会核心指标实现理想水平做出了很大贡献。

（2）推进社会核心指标系统健康发展的对策建议。在充分肯定我国社会核心指标实现程度理想的同时，也应当清醒地认识到该领域所存在的问题。主要表现在离婚率居高不下、居民之间的收入差距不断扩大、基尼系数已超出国际公认的警戒线、医疗卫生发展状况不够理想、居民缺乏一定的社会安全感等方面。

针对我国社会发展过程中所存在的上述问题，我们提出如下对策建议：

第一，全社会都应当转变发展理念，竖立“以人为本”的发展思想，将工作的重点尽早从过去的以经济建设为中心转变到经济发展与社会和谐健康发展并重方面来，把经济建设和科技发展作为推动社会发展的基础和力量。

第二，在继续解决人们物质贫困问题的同时，重视人们的“精神贫困”问题。家庭、社区以及整个社会应共同努力，关注每个人，尤其是老人和儿童的精神情感需求，共建温暖的社会主义大家庭。

第三，健全法律和制度，坚定不移推进“依法治国”。要严厉打击违法犯罪活动，提升人们的社会安全感，改变由于社会安全指数不理想对社会核心指标实现目标进度的不利影响。

第四，进一步完善社会保障制度，提高社会保障水平，尤其在医疗卫生、养老保险等方面加大政府的支持力度，解决民众后顾之忧，使人民真正做到安居乐业，社会和谐发展。

4. 导致资源环境子系统发展很不理想的原因分析及其完善的对策建议

（1）资源环境子系统发展很不理想的原因分析。通过分析研究，我们认为，造成 2014 年资源环境子系统发展很不理想的主要原因有：

首先，从发展的指导思想层面看，我们仍存在片面注重经济建设和发展，忽视保护资源环境在经济发展和社会进步过程中所具有的重要意义的倾向。

其次，从经济层面看，我国产业结构长期的重型化趋势导致庞大污染体系的形成，重化工工业的发展促进了经济的发展、腾飞，但同时我们为此也付出了能源资源消耗的急剧增加以及环境质量的急剧恶化的代价。比如，人均二氧化碳排放量居高不下，由 2005 年的 4.44 吨上升到 2014 年的 7.80 吨，由此造成资源环境指标影响了社会整体发展的结果和质量。

再次，从技术层面看，我国对资源的开发和利用存在不合理现象，未能很好地学习一些发达国家对资源环境保护的经验。同时，自主创新能力的缺乏使我国实现可持续发展的战略受到阻碍，“中国制造”带来了严重的环境资源问题。

最后，从制度层面看，我国的环境资源保护法律制度还不完善，相应的考核监管体系并不健全，没有形成对资源的合理利用和环境保护方面强有力的激励约束机制。

（2）改善我国资源环境的对策建议。针对我国资源环境领域存在的诸多问题，我们提出如下对策建议：

第一，在思想层面，应当下决心、花大力气，坚决治理环境污染及资源浪费问题。明确思想、提高认识，树立合理开发资源、保护改善环境的决心，保证环境资源对经济、社会可持续发展的支撑。

第二，在经济层面，应当转变经济发展方式，推动经济又好又快发展。单纯转变经济增长方式并不能保证科学发展的实现，必须切实转变经济发展方式，把高耗能、高污染的粗放型经济增长转变为节约能源、保护环境的集约型经济增长方式，把对 GDP 的盲目追求扩张转变为注重经济结构优化、经济效益以及经济质量的提高；把单纯的经济增长需求转变为以人为本的发展方式，注重人民群众在物质与精神领域的实际需求。

第三，在技术层面，必须切实增强自主创新能力，增强核心竞争力，促进资源环境的保护。解决资源环境问题需要科技支撑，而科技的发展进步依靠自主创新。因此，必须依靠科技创新，不仅要促进产品清洁生产、能源资源节约的实现，还要进一步实现材料产品的高性能、长寿命和废弃资源合理回收利用等要求。通过增加科技投入不断提高自主创新能力，促进科技成果转化，才能够切实提高企业核心竞争力，在促进经济发展的同时合理开发资源、充分保护环境，实现经济、社会的可持续发展目标。

第四，在制度和法制层面，要不断加强资源环境保护相关法制建设，逐步完善环境资源考核监督体制。不断完善资源环境法律体系是解决资源环境问题的依据，也是促进可持续发展的保障。因此，保护资源环境需要加强对资源环境整体性综合法律体系的建立与完善。

（四）2014 年我国社会发展状况的进一步（中类指标）分析评价

通过对表 6-8 中的各中类指标数据进行排序（见表 6-9），我们可以从各中类指标层面对我国 2014 年社会发展状况做进一步分析评价。

表 6-9　　2014 年我国各中类社会统计指标实现目标值程度排序

排序	指标名称	指标实现程度（%）
1	生活质量	83.57
2	经济	72.22
3	科技	67.59
4	劳动与就业	55.00
5	教育、医疗卫生及文化	53.39
6	收入与分配	48.39
7	资源状况	47.91
8	人口与家庭	46.76
9	社会保障、社会安全与社会活动参与状况	34.98
10	环境状况	15.97

从表 6-9 社会统计指标体系的 10 项中类指标排序中可以发现：

1. 生活质量、经济与科技三类指标的实现程度都十分理想

从表6-9中可以发现，在10个中类社会统计指标中，发展状况十分理想的有生活质量、经济与科技三类指标。

（1）2014年生活质量指标已经达到2020年规定目标值的83.57%。这与我国的实际情况基本吻合。促使人民生活质量实现目标进度十分理想的主要因素在于：一方面，随着人民物质物化生活水平的不断提高，恩格尔系数下降的速度比较快，从2005年的41.77%下降到2014年的34.95%，比规定的2020年目标值40.00%还低了5.05个百分点，从而使这个指标的实现程度达到了385.31%。另一方面，自2000年以来，由于我国房地产行业的迅猛发展，极大地改善了城乡居民的居住环境和水平，城乡居民人均住房建筑面积分别从2005年的27.8平方米和29.7平方米，提高到2014年的35.5平方米和39.2平方米，实现目标的程度分别为106.94%和92.23%，进而也对生活质量指标的实现起了很大的促进作用。

（2）2014年经济指标实现2020年规定目标值的程度已达72.22%，在10个中类指标中排名第二，按照前述规定的标准，其实现的程度也处于十分理想水平。这与我国多年来坚持以经济建设为中心，坚持保增长、促发展的政策是密切相关的。其中，2008年世界经济危机前我国GDP连续多年高增长，使我国经济突飞猛进，成为经济总量的世界第二，人均GDP在2005—2014年间的大幅提高（人均GDP由2005年的14 259元提高到2014年的46 629元）对经济指标的实现程度起了主要的促进作用。此外，此间物价水平保持在低水平状态下运行，通货膨胀率2014年为2.0%，只比2005年的1.8%高出0.2个百分点，对经济指标的实现也起到了重要的推动作用。

然而，近期经济下行的压力也促使我们有了新的思考。中国已经是中等收入国家，经济发展必然不能保持过去那种非常快速的势头，我们要适应“新常态”，无论思想观念还是政策制定都要学会转变和适应。以钢铁、煤炭行业为代表的粗放型传统重工业正面临产能过剩的问题，三四线城市房地产库存大、地方政府债台高筑亦成为经济发展过程中的隐患。我们一方面要大力推行供给侧改革，下决心下狠心去产能，大力提升制造业水平和发展第三产业，鼓励创新创业；另一方面要深化市场经济改革，建立良好的、市场化的经济金融秩序，实现经济平安着陆、健康发展。

（3）社会指标体系中发展十分理想的还有科技指标，它实现了目标值的67.59%。说明这些年我国在科技发展方面取得了一定的成效，这与我国近些

年不断加大对科技的投入具有密切联系。“科技是第一生产力”是永不过时的发展理念，也是社会发展进程中应当始终铭刻于心的时代命题，只有不断增加对科技的投入，根据社会发展需求增强研发、创新能力才能够真正提升我国企业产品竞争力、提升经济实力、促进经济社会全方位发展，使“中国制造”真正转变为“中国创造”。

2. 劳动与就业实现目标值的进程为理想水平

对于劳动与就业类指标来说，由于只选择了城镇登记失业率一项指标，该项指标实现的状况也就是这一类指标的实现情况。2014 年我国城镇登记失业率的指标值为 4.09%，比 2020 年 4.00%的目标值只高出 0.09 个百分点，实现目标值的进度为 55.00%。这一数值说明我国在安置劳动适龄人口就业方面的工作成绩较为理想，但仍需要通过不断提高劳动适龄人口的素质、多增加劳动就业岗位来进一步提高劳动适龄人口的就业率。

3. 教育、医疗卫生及文化，收入与分配，资源状况以及人口与家庭等四类指标实现目标值的进度为比较理想

（1）教育、医疗卫生及文化类指标 2014 年实现了目标值的 53.39%。促使该类指标实现这一水平的推动力量是前述的小学学龄儿童净入学率、新生儿死亡率和政府卫生支出占卫生总费用的比重三个小类指标，它们 2014 年实现目标值的程度分别达到 75.00%、73.74%和 70.47%。而对该类指标实现程度起到抑制作用的则是文教娱乐用品及服务类支出占消费支出的比重这个小类指标，它的实现程度仅为−25.00%，为很不理想的水平。表明我国人民在不断满足物质生活需要的同时，并没有相应提高精神方面的需求。这一状况应当引起社会各界的广泛关注。

（2）在收入与分配方面，人均可支配收入和基尼系数两个小类指标对整个中类指标实现程度的作用，可谓是此消彼长。人均可支配收入实现的程度高达 70.48%，处于十分理想的水平。与此相反，基尼系数实现的程度却仅为 15.24%。这种截然相反的情况的确能够真实地反映我国的客观情况。改革开放以来，一方面我们的确通过大力发展经济，极大地提高了人均可支配收入水平。但是，由于平均数本身所存在的弊端极大地掩盖了收入差距不断扩大的事实。基尼系数的居高不下，表明收入差距已经扩大到影响社会安定的程度。社会各界要高度关注这一情况的存在，采取相应有效措施缩小收入差距，使基尼系数降低到合理的水平。

（3）资源状况实现目标值取得比较理想结果，主要得益于森林覆盖率和单位 GDP 能耗两个小类指标，它们的实现程度分别为 71.40%和 66.22%，

处于十分理想和理想状态。表明近些年我国在加强自然资源的保护和提高节能减排效果方面均取得了可喜的成效。但是，人均水资源量的偏低（实现程度为－50.45％）严重影响了该类指标的实现进度。如何保证在今后的一段时间内人均水资源量维系在一个相对稳定水平并略有提高，乃是我们所必须应对的一个严峻挑战。

（4）人口与家庭指标的实现程度之所以能够达到比较理想水平，主要得益于人口自然增长率得到有效控制、人口年龄构成中15～64岁人口所占比重较为合理，以及人口预期寿命不断提高等。这三个小类指标的实现程度都十分理想，分别为76.40％、70.00％和66.67％。然而，全社会的高离婚率和男女性别比例的不合理都严重地拖了该中类指标实现程度的“后腿”。尤其是离婚率实现程度的负值致使整个实现程度降低了很多个百分点。

4．社会保障、社会安全与社会活动参与状况和环境状况两类指标实现目标程度很不理想

从表6-9中可以发现，排在中类社会统计指标实现目标值程度后两位的分别是社会保障、社会安全与社会活动参与状况指标和环境状况指标。其中，社会保障、社会安全与社会活动参与状况指标的实现程度之所以非常低（34.98％），主要是由于社会安全指数实现的状况极为不理想所致。由于这里的社会安全指数采用的是逆指标，本应是报告期（2014年）比基期（2005年）越低越好，但从表中数字显示，这一指标2014年的数值为97.72，比2005年的95.95高出1.77，使其实现程度为－44.99％，从而导致该类指标实现得很不理想。这与近些年我国的社会治安状况有所恶化，各种安全事故没有得到有效遏制有很大关系。

在环境状况方面，环境污染治理投资相当于GDP比重和人均二氧化碳排放量两个小类指标实现的程度均为很不理想，分别为31.94％和－63.11％。从而导致环境状况这个中类指标的实现程度仅为15.97％。照目前这种状况发展下去，到2020年这一指标很难实现既定的目标。这为社会各界敲响了警钟，在全球气候变暖、严重雾霾围城以及频发的地质灾害等环境灾害不断给人民生活带来的极大的负面影响的情况下，如何不断加大对治理环境污染的投入，不断改善生态环境将是今后社会发展中遇到的最严峻的挑战。

我们按照评价标准，将上述10个中类指标实现发展目标的程度加以分类，可以得出如表6-10的结果：

表 6-10　　2014 年 10 个中类社会发展指标实现目标进度状况

标准（%）	指标	指标个数（个）	比重（%）
十分理想（65 以上）	生活质量；经济；科技	3	30
理想（55～65）	劳动与就业	1	10
比较理想（45～55）	教育、医疗卫生及文化；收入与分配；人口与家庭；资源状况	4	40
不理想（35～45）			
很不理想（35 以下）	社会保障、社会安全与社会活动参与状况；环境状况	2	20
合计	—	10	100

从表 6-10 可以清楚地看出，2014 年社会发展状况总体表现为理想状态主要得益于作为社会发展基础与条件的经济与科技指标，以及绝大部分社会核心指标发展得十分理想和理想。但由于作为我们生存与发展重要条件的资源环境状况没有得到相应改善，以及社会安全方面的欠缺，导致整个社会的发展未能进入十分理想的状态。

（五）2014 年我国社会发展状况的详细（单项指标）分析

对整个社会统计指标体系中各单项指标实现程度进行分析，有助于我们明确认识在社会发展过程中亟须解决的具体问题与亟待改善的具体领域。通过对 2014 年我国社会统计指标体系进行单项指标实现程度计算，得到如表6-11 所示的结果。

表 6-11　　2005—2020 年社会发展指标之 2014 年的实现情况

编号	监测指标	单位	2005 年基期值	2014 年实际值	2020 年目标值	2014 年实现程度（%）
1.1	**经济指标**					
1	人均 GDP	元	14 259	46 629	≥48 000	95.94
2	第三产业增加值占 GDP 比重	%	41.4	48.1	≥60.0	36.02
3	城镇化率	%	42.99	54.77	≥60.00	69.25
4	全员社会劳动生产率	元/人·年	21 350	47 887	≥69 632	54.96
5	通货膨胀率	%	1.8	2.0	≤4.0	90.91
1.2	**科技指标**					
6	研发经费支出占 GDP 的比重	%	1.32	2.05	≥2.40	67.59
2.1	**人口与家庭指标**					
7	总人口性别比	1	1.060 0	1.050 6	≤1.020 0	28.84
8	人口年龄构成（0～14 岁）	%	20.3	16.5	≥17.0	−15.15
	人口年龄构成（15～64 岁）	%	72.0	73.4	≥74.0	70.00
	人口年龄构成（65 岁及以上）	%	7.7	10.1	≤9.0	−84.62

续表

编号	监测指标	单位	2005年基期值	2014年实际值	2020年目标值	2014年实现程度（%）
9	人口预期寿命	岁	74	76	≥77	66.67
10	人口自然增长率	‰	5.89	5.21	≤5.00	76.40
11	粗离婚率	‰	1.37	2.67	≤2.00	−106.35
2.2	**劳动与就业指标**					
12	城镇登记人口失业率	%	4.20	4.09	≤4.00	55.00
2.3	**收入与分配指标**					
13	人均可支配收入	元	5 890	14 632	≤18 293	70.48
14	基尼系数	1	0.485	0.469	≤0.380	15.24
2.4	**生活质量指标**					
15	按城乡居民人口数加权计算的综合恩格尔系数	%	41.77	34.95	≤40.00	385.31
16	城镇人均住房建筑面积	m^2/人	27.8	35.5	≥35.0	106.94
	农村人均住房建筑面积	m^2/人	29.7	39.2	≥40.0	92.23
17	人均消费水平	元/人	5 323	11 897	≥14 711	70.03
18	每百人互联网使用人数	人	8.5	49.3	≥72.0	64.25
2.5	**教育、医疗及文化指标**					
19	平均受教育年限	年/人	8.2	9.3	≥10.5	47.83
20	小学学龄儿童净入学率	%	99.2	99.8	=100.0	75.00
21	国家财政性教育经费支出占GDP的比重	%	2.78	4.15	≥5.00	61.71
22	政府卫生支出占卫生总费用的比重	%	17.93	29.96	≥35.00	70.47
23	每千人口卫生技术人员数	人	3.57	5.56	≥7.00	58.02
24	新生儿死亡率	‰	13.2	5.9	≤3.3	73.74
25	文教娱乐用品及服务类支出占消费支出的比重	%	12.52	11.65	≥16.00	−25.00
2.6	**社会保障、社会安全与社会活动参与状况指标**					
26	基本社会保险覆盖率	%	22.84	88.96	≥90.00	98.45
27	国家财政用于社会保障的支出占财政支出比重	%	10.90	10.52	≥15.00	−9.27
28	社会安全指数	1	95.95	97.72	≤92.00	−44.99
3.1	**资源状况指标**					
29	森林覆盖率	%	18.21	21.63	≥23.00	71.40
30	人均水资源量	m^3/人	2 151.80	1 998.64	≥2 050.00	−50.45
31	单位GDP能耗	吨标准煤/万元	1.64	1.15	≤0.90	66.22

续表

编号	监测指标	单位	2005 年基期值	2014 年实际值	2020 年目标值	2014 年实现程度（%）
3.2	**环境状况指标**					
32	环境污染治理投资占 GDP 比重	%	1.28	1.51	≥2.00	31.94
33	人均二氧化碳排放量	吨/人·年	4.44	7.80	≤6.50	−63.11

从表 6-11 中的各种相关数据可以看出，我国 2014 年 33 个单项社会指标在实现目标值的进程中，表现出如下特点：

1. 5 个经济类指标中有 3 个指标实现程度十分理想，1 个为理想，1 个为不理想

（1）在经济类指标中，随着我国经济在过去相当长时间里的快速发展，人均 GDP 这个小类已接近目标值，实现的程度最高。

（2）对于第三产业增加值占 GDP 的比重这个指标而言，本应当随着经济总量的不断增大，经济发展水平的不断提高而提高。然而，2014 年这一比重依旧较低，48.1%的水平不仅远低于高收入国家 74.0%的水平，与 2013 年中等收入国家 55.0%的水平也有不小的差距。如果按照中国社会科学院专家郑秉文的预测，我国将于 2024 年开始进入高收入国家的行列的话[1]，如何采取有效措施使第三产业增加值占 GDP 比重随之不断提高以达到二者之间相匹配，这是今后我国经济发展中一项重要的任务。

（3）作为反映经济发展水平高低的一项重要标志性指标的城镇化率，正常情况下应当是随着经济的不断发展而提高。我国 2014 年的实际情况是，这一指标已达到 54.77%，比 2005 年的 42.99%增加了 11.78 个百分点，实现了 2020 年 60.00%目标值的 69.25%。照此速度发展下去，2020 年届时我国的城镇化率将超过 60%。亦即届时全国居民将有 60%以上生活、工作和学习在城镇，这个社会的发展状态将会发生很大改变。政府和社会工作者要为这一转变提前做好各种准备。

（4）某一时期的全员劳动生产率是反映该时期全社会就业人员单位时间内生产效率的重要指标，也是推动经济不断发展的重要基础。我国 2014 年全员劳动生产率为 47 887 元/人·年，比 2005 年的 21 350 元/人·年增加了 26 537 元，提高了 124.3%，取得了不小成绩。但是，从实现目标的程度看，

[1] 郑秉文．从国际经验看如何长期保持增长动力［N］．人民日报，2016-06-12（5）．

尽管已经实现了 2020 年目标值 69 632 元/人·年的 54.96%，处于比较理想水平，但从整个社会发展指标体系看，该领域还属于较为薄弱环节，今后还需加大努力，通过不断提高劳动力素质来提高全员劳动生产率，使经济发展保持长期有后劲。

(5) 通货膨胀率作为反映经济走势晴雨表的一个很重要指标，在宏观经济管理、微观企业生产经营，以及人们的日常生活中向来十分受关注。2014 年我国的通货膨胀率保持在 2.0%这样一个较低的水平上，其实现程度非常理想，从而为整个社会发展指标体系的实现程度达到理想状态做出了很大贡献。

2. 科技指标实现的结果十分理想

2014 年我国研发经费支出占 GDP 的比重达到了 2.05%，实现了目标值的 67.59%，处于十分理想状态。这与我国近些年十分关注科技创新关系密切。随着研究与发展活动不断向高水平迈进，以及研发的投入不断增加，更要关注除了基础研究以外，研发投入在应用研究和试验发展领域的产出效果，以避免研发投入的无谓浪费。

3. 在人口与家庭的 5 个小类指标中，有 2 个指标实现程度十分理想，3 个指标实现得很不理想，呈现出两极分化状态

(1) 总人口性别比实现目标程度很不理想。人口男女性别比作为一种既不要过大也不要过小、需要保持在一个合理范围内的适度指标，是反映人口得以延续繁衍、协调发展的重要指标。在过去相当长一段时期内，由于种种原因，我国男女性别比相当不合理。2014 年这一比例为 1.050 6，尽管比 2005 年的 1.060 0 略有下降，但仍显得偏高。再加上 2020 年的目标值定得略微偏高一些，从而使其实现的进度很不理想。

(2) 人口的年龄构成实现目标进度也很不理想。在人口的年龄构成方面，由于我国已经进入老龄化社会，因此，该指标的整体实现程度也不够理想。由于人口现象存在一定的惯性特征，且极其复杂，要在这方面实现合理的比例存在不小难度。

(3) 人口预期寿命实现的效果十分理想。自新中国成立以来，随着经济的不断发展和卫生医疗水平的逐步提高，我国的人口预期寿命也在不断提高，在世界范围内已经位于前列。2014 年我国人口的预期寿命已经达到 76 岁，比 2005 年提高了 2 岁，离我们规定的目标值 77 岁只差 1 岁，实现了目标值的 66.67%，达到了十分理想的水平。

(4) 人口自然增长率实现程度十分理想。2014 年人口自然增长率控制在

5.21‰的低水平，实现了规定目标值5.00‰的76.40%，效果十分理想。这与我国长期坚持计划生育这一基本国策密切相关。自1979年实行一对夫妻一个孩的基本国策以来，我国已经由过去的高出生率—低死亡率—高自然增长量的人口发展类型转变为低出生率—低死亡率—低自然增长率的人口发展类型。但是，随着65岁以上老年人口比例的不断增加，家庭和社会抚养老人的负担也不断加重，这已引起中央高层和社会的关注。因此，目前对计划生育政策的调整，全面放开“二胎”政策的落地具有一定的及时性与合理性。

（5）粗离婚率实现的状况很不理想。离婚率作为一项反映社会家庭与婚姻状况是否稳定的逆指标，理应是越低越好。但是，近些年由于社会处于一种转型期，不少人对于家庭婚姻的观念也发生了很大转变，加之社会上一些丑陋现象时有发生，使我国的离婚率逐年攀升，已由2005年的1.37‰上升到2014年的2.67‰，提高了近一倍。进而使离婚率实现目标值（2.0‰）的程度出现了负值，严重影响了人口与家庭这一中类指标和社会核心指标系统的实现程度。今后，政府与相关社会工作部门应当加强对人们，尤其是年轻人正确的家庭婚姻观教育，保持婚姻家庭相对的稳定性，以促进整个社会的和谐发展。

4. 劳动与就业指标实现的程度表现为理想

城镇登记失业率作为反映劳动与就业状况的唯一指标，尽管不能很好反映该领域的实际状况，但在目前尚未有新的指标取代之的情况下只能如此。我国2014年的城镇登记失业率为4.09%，较2005年的4.20%略有降低，实现了目标规定的4.00%的55.00%，体现出理想的水平。今后，随着机器人时代的来临和劳动生产率的不断提高，对于劳动适龄人口众多的我国来说，如何通过各种科学政策和有效措施提高就业率仍是今后各级政府的一项重要工作。

5. 收入与分配指标的实现进度出现两极分化

（1）在收入与分配指标中，人均可支配收入指标实现程度达到70.48%，表现得十分理想，充分体现了我国经济发展所带来的积极效果。

（2）基尼系数指标的实现程度很不理想，2014年仅为目标值的15.24%。说明尽管随着经济的不断发展，我国人均可支配收入水平不断提高，但是，由于收入分配制度中的一些问题没有及时得到解决，导致我国目前出现了收入差距不断扩大的现象。收入差距增大会成为产生各种社会问题的诱因，在今后发展的过程中，应当注重收入分配制度的改革与完善，在促进经济效率提高的同时，充分兼顾公平社会的营造，为建设和谐社会奠定良好基础。

6. 生活质量的4个小类指标，3个实现十分理想，1个接近十分理想

（1）恩格尔系数低，实现目标程度十分理想。2014年我国城乡居民的恩格尔系数仅为34.95%，按照国际公认的标准已超过了小康，属于相对富裕的水平。从而实现了目标值的385.31%，表现为十分理想。这充分反映了我国经过多年经济的快速发展，人民的物质生活已得到很好满足，正在向更高一级的生活方式过渡。

（2）城乡居民的人均住房面积不断扩大，居住条件得到很好改善，实现目标的程度也十分理想。自20世纪末我国的住房制度实行市场化以来，城乡居民的人均住房面积不断扩大，居住条件得到很好改善。2014年城乡居民的人均住房建筑面积已经分别达到35.5平方米和39.2平方米，分别实现了目标值的106.94%和92.23%，均表现得十分理想。今后各级政府应当采取有效政策措施遏制当前房价的过快增长，使普通百姓都能够在居住方面得到更进一步的改善。

（3）居民人均消费水平提高快，水平高，实现目标的进度十分理想。2014年我国居民的人均消费水平已达11 897元，较2005年的5 323元增加了6 574元，9年间增加了1.2倍。实现了目标值的70.03%，十分理想。如果照此速度发展下去，到2020年一定会突破目标值所规定的人均14 711元的消费水平。

（4）每百人互联网使用人数实现目标近乎十分理想。2014年我国每百人互联网使用人数已经达到49.3人，离2020年规定的目标72.0人相差22.7人，实现程度为64.25%，低于65%十分理想的水平，处于理想状态。但是，考虑到统计误差和其他因素，可以认为该项指标的实现程度近乎达到了十分理想状态水平。今后在剩下的6年时间内，随着互联网的迅猛发展，这一指标一定会突破目标值所规定的水平。

7. 教育、医疗及文化的7个小类指标实现的程度极不均衡，3个实现得十分理想，2个实现得理想，1个实现得比较理想，1个实现得很不理想

（1）平均受教育年限实现目标程度较为理想。一个国家国民的平均受教育年限是国际上通用的一项反映该国国民受教育程度和素质高低的重要指标。2014年我国6岁以上居民平均受教育的年限为9.3年，比2005年的8.2年提高了1年多，表明我们这样一个人口大国在普及教育方面的确取得了可喜的成绩。这一指标也实现了目标值规定10.5年的47.83%，处于比较理想的水平。

（2）小学学龄儿童净入学率实现目标的程度十分理想。2014年我国的小学学龄儿童净入学率为99.8%，距离规定目标值的100.0%只差0.2个百分点。尽管这一水平已相当高，但由于2005年基期的数值已达99.2%，致使实现目标的进度为75.0%。即使如此，按照标准，实现的程度仍为十分理想。表明我国在普及小学教育方面的成绩可圈可点。

（3）国家财政性教育经费支出占GDP的比重超过4%，实现目标程度为理想。检视一个国家或地区对教育的重视程度，通常都采用财政性教育经费相当于GDP的比重来衡量。经过多年的努力，我国政府终于兑现了财政性教育经费相当于GDP的比重达到4%的承诺。2014年这一指标的数值为4.15%，比2005年的2.78%增加了1.37个百分点。这一指标的数值来之不易，同时也实现了目标值的61.71%，整体上还是理想的。我们有理由相信，随着我国财政体制不断地向公共财政过渡，到2020年定会完成财政性教育经费相当于GDP的比重达到5.0%的预测目标。

（4）政府卫生支出占卫生总费用的比重实现目标情况十分理想。2014年政府卫生支出占卫生总费用的比重为29.96%，比2005年的17.93%增加了12.03个百分点，取得了不小的成绩。从而也使这一指标实现目标值的程度达到了70.47%，表现得十分理想。

（5）每千人口卫生技术人员数指标理想地实现了2014年应该达到目标值的程度。一个国家或地区某一时点每千人口所拥有卫生技术人员数是衡量该国或地区医疗卫生状况的重要指标。我国2014年每千人口卫生技术人员数为5.56人，比2005年的3.57人多了近2个人，并且实现了目标值7.00人的58.02%，处于理想的状态。可以断定，在今后的几年时间里，随着我国经济实力的不断增强，以及各级政府和全社会越来越重视医疗卫生事业，平均每千人再增加2个卫生技术人员是可以做到的，亦即可以实现2020年所规定的人员数量目标。

（6）新生儿死亡率降低得明显，实现目标值的程度十分理想。我国的婴儿死亡率在2005年还高达13.20‰，到了2014年则降低到5.90‰，降低速度非常快。尽管我们规定2020年这一指标的目标值低达3.30‰，2014年仍实现了目标值的73.74%，所完成的进度十分理想。

（7）文教娱乐用品及服务类支出占消费支出的比重指标实现目标值的情况很不理想。通常情况下，随着人们物质生活水平的不断提高，人们对精神文化的需求也在不断地增加，用在文教娱乐用品及服务类方面的支出占消费支出的比重也随之提高。然而，我国的实际情况却是，2014年这一指标数值不升反降，由 2005 年的 12.52%降低到 2014 年的 11.65%。尽管降幅不大，却影响了这一指标的实现程度。这也提醒我们，虽然从中央到地方各级政府不断强调增加文化消费，实际情况却不尽如人意，我国社会发展过程中居民对文教娱乐用品及服务类产品的需求还相对不足。因此，今后应当采取多种有效措施，切实提高文化精神领域的消费水平，真正做到在不断满足人们物质生活需求的同时，不断满足文化精神的需求。

8. 社会保障、社会安全与社会活动参与状况指标中，除了基本社会保险覆盖率实现目标的状况十分理想外，国家财政用于社会保障的支出占财政支出比重和社会安全指数实现目标的程度都很不理想

（1）近些年在各级政府的努力和广大群众的积极参与下，我国的基本社会保险覆盖率得到了很大的提高，2014 年已达 88.96%，实现目标值 90.00%的程度为 98.45%，效果十分理想。这与我国的实际情况基本相符。

（2）尽管我国的基本社会保险覆盖率已经非常高，但国家财政用于社会保障的支出占财政支出比重却不够理想。与 2005 年相比，这一比重 2014 年不升反降，由 2005 年的 10.90%降低到 2014 年的 10.52%，尽管只减少了 0.4 个百分点，但却反映出我们在追求基本社会保险高覆盖率的同时，却没有相应地提高基本社会保险的质量，从而导致这一指标完成目标值的程度出现了负值，效果很不理想。今后，各级政府应当在完成基本社会保险全覆盖的同时，逐步提高国家财政用于社会保障的支出在全部财政支出中的比重，真正提高基本社会保险的水平。

（3）令人最不满意的是社会安全指数的实现程度。由于这一指标选择的分指标均为逆指标，由此，经过合成的社会安全指数也是一项逆指标，报告期的指标数值应当比基期越低越好。但是，我国 2014 年的实际情况却是比 2005 年还高，分别为 97.72 和 95.95。结果使这一指标实现目标值的程度表现为负值，其效果很不理想。这一结果与近些年我国在社会治安等方面所存在问题的现实基本相符。这就警示我们，今后在关注经济发展的同时更要注重社会安全秩序的治理，给广大人民群众一个安全祥和的生活与发展环境。

9. 资源状况指标中的 3 个小类指标，实现目标效果表现为两喜一忧

（1）森林覆盖率指标实现目标的进度十分理想，2014 年已经实现了目标规定 23.0%森林覆盖率的 71.4%，到 2020 年肯定会完成既定的目标。

（2）人均水资源量指标发展状况很不理想，实现程度为－50.45%，这是

由我国是一个水资源十分短缺，且分布得极不均匀的客观实际造成的。今后这一情况有可能会继续恶化。要保证届时顺利完成这一指标目标值的任务将会有很大难度。

（3）单位 GDP 能耗指标实现目标状况十分理想，表明近些年我国在节能减排方面取得了很好的成绩。2014 年每万元 GDP 所消耗的能源（吨标准煤）从 2005 年的 1.64 降低到 1.15，实现了所规定目标值 0.90 的 66.22％。这与我国近些年强力推行节能减排政策，逐步淘汰一些陈旧耗能高的产能设备关系密切。这种政策的实施从短期看可能会影响经济的增长，但从长期看，它对于促进产能设备升级换代、产业机构调整和经济的可持续发展，以及人们生活环境的改善都有极大的推动作用。

10. 环境状况的两个小类指标实现得均很不理想

（1）在环境状况指标中，环境污染治理投资占 GDP 比重 2014 年仅为 1.51％，比 2005 年的 1.28％只增加了 0.23 个百分点。尽管到 2020 年的目标值仅规定为 2.0％，但 2014 年实现目标的程度也仅有 31.94％。这与我们国家经济实力不断增强，环境污染却越来越重很不匹配。今后，从政府到社会应当转变思想观念，不要将治理环境污染的投资视为一种经济领域的事，而应当将其作为公共投资来对待，从而保证投资力度，争取环境状况尽早得到有效改善。

（2）人均二氧化碳排放量指标发展状况很不理想，实现程度表现为 －63.11％。说明我国在二氧化碳排放方面存在着较为严重的问题，面临着较为严峻的形势。因此，在可持续发展的进程中，应当通过各种途径，不断促进节能减排工作的推进，减少碳排量，真正实现经济发展、社会进步、环境友好以及资源节约的协调发展。

表 6-12　　2014 年 33 个小类社会发展指标实现目标进度状况

标准（％）	指标	指标数（个）	比重（％）
十分理想（65 以上）	人均 GDP；城镇化率；通货膨胀率；研发经费支出占 GDP 的比重；人口预期寿命；人口自然增长率；人均可支配收入；恩格尔系数；城乡人均住房建筑面积；人均消费水平；小学学龄儿童净入学率；政府卫生支出占卫生总费用的比重；新生儿死亡率；基本社会保险覆盖率；森林覆盖率；单位 GDP 能耗	16	48.5

续表

标准（%）	指标	指标数（个）	比重（%）
理想（55～65）	城镇登记人口失业率；每百人互联网使用人数；国家财政性教育经费支出占 GDP 的比重；每千人口卫生技术人员数	4	12.1
比较理想（45～55）	全员社会劳动生产率；人口年龄构成；平均受教育年限	3	9.1
不理想（35～45）	三产业增加值占 GDP 比重	1	3.0
很不理想（35 以下）	总人口性别比；离婚率；基尼系数；文教娱乐用品及服务类支出占消费支出的比重；国家财政用于社会保障的支出占财政支出比重；社会安全指数；人均水资源量；环境污染治理投资占 GDP 比重；人均二氧化碳排放量	9	27.3
合计	—	33	100.0

表 6-12 中的数据明显地反映出，2014 年我国社会发展状况处于比较理想水平以上的指标多达 23 个，占了全部指标的 69.7%，从而使整体社会发展得理想。但与此同时，不可忽视的是，在 33 个小类指标中，竟有 9 个指标实现得很不理想，占到了 27.3%。而且，这些指标中，除了个别一两个指标，如文教娱乐用品及服务类支出占消费支出的比重等经过努力短期内可以改变其状况外，其他多数指标短期内欲使其实现程度得以提高存在相当大的难度。这对于我们的政府以及全社会是一个极大的挑战。

二、2006—2014 年间我国社会发展动态状况分析

（一）2006—2014 年我国社会整体发展状况分析

对 2006—2014 年各年社会统计指标体系评价值进行计算及合成，得到如表 6-13 所显示的我国 2006—2014 年历年社会发展指数。

表 6-13　　我国 2006—2014 年历年社会发展指数

	2006 年	2007 年	2008 年	2009 年	2010 年	2011 年	2012 年	2013 年	2014 年
指数（%）	21.97	25.09	24.42	31.80	42.13	42.12	51.19	53.63	56.69

根据上表数据绘制出以下我国 2006—2014 年历年社会整体发展实现程度趋势图：

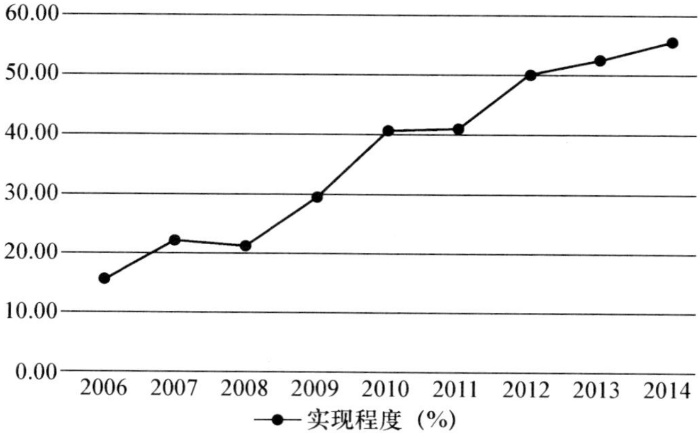

图 6-1　我国 2006—2014 年历年社会发展指数图

由图 6-1 可以看出，在过去的 9 年间我国社会整体发展状况是越来越好的，针对 2020 年的发展目标，社会发展指数由 2006 年的 21.97%提高到了 2014 年的 56.69%，说明这 9 年间我国社会事业的建设取得了一定成效，社会发展状况趋势良好。但是由上图也同时可以发现，各年之间的发展状况还存在着很大差异。因此，有必要分析社会指标体系内各个具体类别实现程度变化状况，从而为总体趋势变动提供依据并为以后社会建设提供方向。

（二）2006—2014 年我国各类（大类/中类）社会统计指标发展状况的综合分析

对 2006—2014 年社会统计指标体系各大类指标评价值进行计算、合成后，得出历年社会各大类发展目标（社会统计指标体系子系统）实现状况的结果如表 6-14 所示：

表 6-14　我国 2006—2014 年历年社会统计指标体系各子系统实现程度

年份	经济与科技指标子系统实现程度（%）	社会核心指标子系统实现程度（%）	资源环境子系统实现程度（%）
2006	8.65	27.79	20.89
2007	10.65	32.41	19.90
2008	17.4	25.14	33.21
2009	32.42	31.62	31.49
2010	37.13	41.27	53.89

续表

年份	经济与科技指标子系统实现程度（%）	社会核心指标子系统实现程度（%）	资源环境子系统实现程度（%）
2011	43.87	46.29	22.52
2012	55.69	50.70	45.62
2013	63.63	54.67	32.79
2014	70.37	57.18	31.94

根据上表得到 2006—2014 年各子系统实现程度趋势图（见图 6-2）：

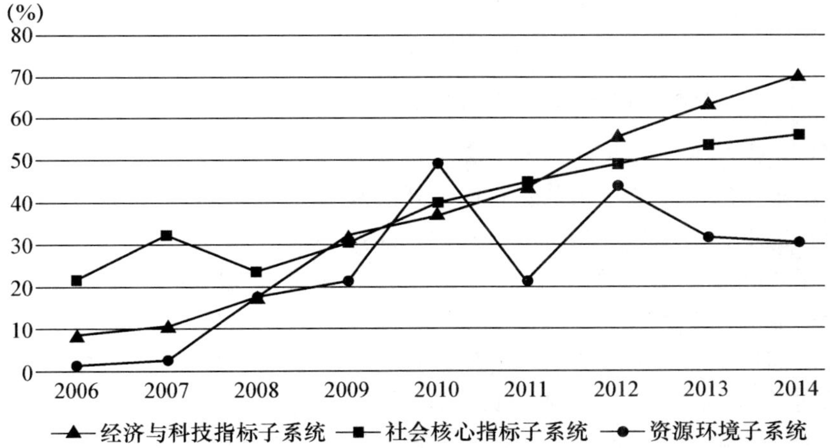

图 6-2　2006—2014 年各子系统实现目标程度趋势

（1）由图 6-2 看出，在各项大类社会统计指标中，经济与科技指标子系统实现程度逐步提高，并大致呈一条直线状态，由 2006 年的 8.65%上升到 2014 年的 70.37%，说明在这 9 年间我国经济和科技逐步发展、势头良好，这与国家高度重视经济建设并逐步加大对科技的投入力度有重要关系。

进一步分析经济类和科技类两个中类指标的实现情况可以发现（见图 6-3），二者在过去 9 年间的实现程度都在大幅度提升。而且，科技类指标除了在 2006—2008 年间和 2014 年略低于经济类外，其余年份与经济类指标几乎同步发展，说明我国在科技投入方面做得比较好，能够保证科技投入随着经济的发展而不断提高。

经济类与科技类指标实现程度的显著提高共同促使了经济与科技子系统实现程度逐步提高，历年实现目标值的程度都十分理想。

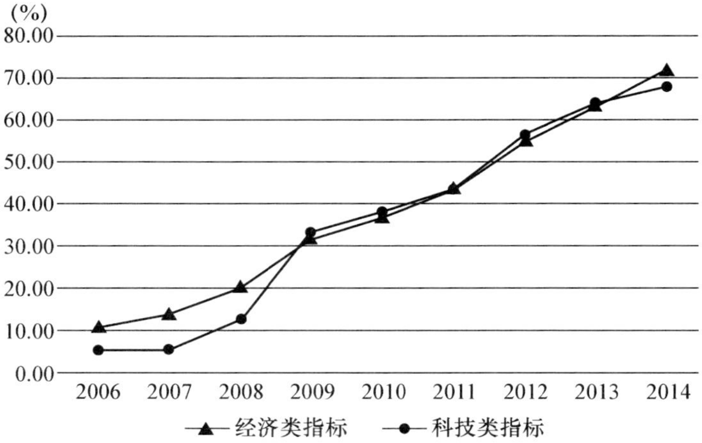

图 6-3　2006—2014 年经济与科技类指标历年实现目标程度趋势

(2) 由图 6-2 可以看出，社会核心指标子系统实现程度大体也呈上升趋势，但是与经济与科技子系统相比，其上升幅度比较平缓，且在 2008 年出现一定程度下降，之后缓慢上升，2014 年达到了 57.18%，处于理想状态。这是由于我国近几年逐渐重视社会建设和改善民生，扎实推进社会建设，各项社会事业的建设和保障程度不断提高，交通、通信、医疗、教育、就业、养老等方面得到一系列改善所产生的积极效应。然而，由于社会问题极其复杂，许多领域不像经济领域那样投入在短期内即可见效，因而使该领域的实现效果不像经济领域那么明显。同时也提醒我们，今后要进一步提高社会发展水平的确任重而道远。

下面进一步分析社会核心指标子系统中每种中类指标实现目标程度的情况（见图 6-4）。

由图 6-4 可以看出，在社会核心指标子系统内，6 个中类指标实现各自目标值的过程表现出如下特点：

第一，人口与家庭指标实现目标值进度的过程表现出先升后降的特征。2008 年以前，在 6 个中类指标中，无论是自身的实现程度还是在整体中的排位都较为理想，但之后则表现为逐年下滑的态势。究其原因，主要是由于其中的粗离婚率逐年走高而导致的。由此，今后如何降低粗离婚率对于提高人口与家庭实现目标值的程度尤为重要。

第二，劳动与就业指标实现目标值进度的过程起伏比较大。2008 年经济危机前的 2006 年和 2007 年，伴随着经济的快速增长，就业形势也十分理想，在 6 个中类指标中表现最好。在经济危机最为严重的 2008 年和 2009 年，面

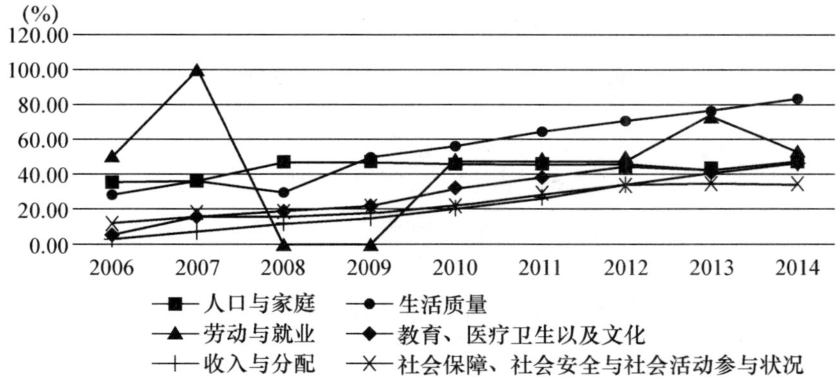

图 6-4 社会核心指标子系统内各中类指标历年实现程度趋势图

对着经济形势的严峻和各个单位不断地裁减人员，劳动与就业指标的实现程度也急转直下，由此而变为最低。自 2010 年尤其是党的十八大以来，由于党和政府更加重视劳动力就业问题，采取了一系列有效措施来保证新增劳动力的就业，进而使这一指标的实现程度连续保持在第二高的位置。这一指标的实现过程基本上与我国的实际情况相吻合。

第三，收入与分配指标实现目标进度之所以呈现出平稳而缓慢上升，且多数年份处于最低位置的态势，主要原因在于收入指标的不断增长促使这个中类指标的整体状况呈现出不断增长的特点。但与此同时，由于收入分配差距过大的问题长期没有得到有效的解决，又导致这个中类指标整体实现情况的提升过程平缓而且长期处于最低水平。可见，要想使这类指标到 2020 年圆满完成规定目标，在不断提高人均可支配收入水平的同时，将更多精力用在解决分配不均问题上则十分关键。

第四，生活质量指标实现目标的进度自 2009 年以来得到了显著提升，至 2014 年已经实现了目标值的 83.57%。这充分说明近些年随着经济的不断发展和人们收入水平的不断提高，大家越来越重视生活质量的改善，并取得了显著的效果。

第五，教育、医疗卫生以及文化等方面的指标实现进度尽管也在不断提高，但增速缓慢，表现为一条低平的直线。其中，除了文教娱乐用品及服务类支出占消费支出的比重过低，很大程度上影响了这个中类指标历年的实现程度外，小学学龄儿童净入学率、新生儿死亡率和政府卫生支出占卫生总费用的比重三个小类指标历年实现较为理想，有效地拉动了整个中类指标的实现程度。

第六，社会保障、社会安全与社会活动参与状况指标实现目标值的过程以 2010 年为分界线。此前在 6 个种类指标中，其实现程度表现为中等偏下。2010 年后却是连年走低，并且从 2013 年开始其实现程度变为最低水平。这与近年来社会发案率及其他社会安全事件不断增长有密切联系。今后，政府和社会各界如何加强社会治安管理，是我们所面临的最大挑战。

（3）由图 6-2 可知，在过去的 9 年时间里，我国资源环境子系统的发展状况始终很不理想。其目标实现程度除了在 2008 年和 2010 年有两次较明显的提高外，其余年份都不够理想，而且起伏比较大，自 2010 年后在三大子系统中一直处于最低水平。

进一步分析该系统内部资源与环境各自的发展趋势（见图 6-5）可以发现，在该大类的两个中类指标中，资源状况指标实现目标的状况在 2009 年后虽有较大幅度提升，但目前实现程度不到 50%。资源不仅关乎经济可持续发展，甚至关乎国家安全。我国出台了一系列措施促进节能减排，例如将节能材料列入国家建筑标准、推广节能照明，取得了一定成效。然而水资源、森林资源的状况依然严峻，在这些方面应该多加努力，以缓解我国资源严重短缺的现象。

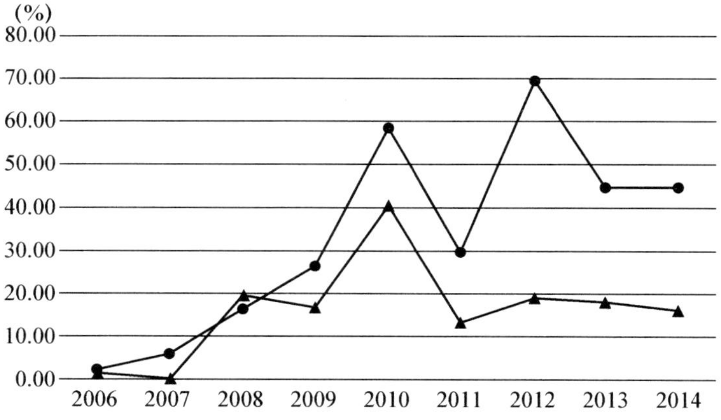

图 6-5　资源类和环境类指标历年实现程度趋势

环境状况指标实现的程度一直都很不理想，主要是其中的两个小类指标实现程度都很不理想所致。尤其是人均二氧化碳排放量，尽管近些年得到一些控制，但距离理想目标还相差甚远。

资源与环境是整个人类社会赖以生存和发展的重要条件。随着全球经济一体化和全球变暖，人类生存条件在短时间内将会变得越来越差。改善环境的任务不仅是在短期内十分艰巨，而且需要在一个长期内来完成。我们应当做好这方面的思想准备，将发展的重点由过去单一地强调以经济建设为中心转变为发展经济和改善环境并举，使人们真正享受到经济发展所带来的积极效果，整个人类能够在一个优美的自然环境与和谐的社会环境中不断向前发展。

参考文献

[1] 袁方. 社会指标与社会发展评价 [M]. 北京：中国劳动出版社，1995.

[2] 国岩. 关于“社会统计指标”概念综述——兼谈个人之见解 [J]. 统计与决策，1985 (3).

[3] 朱庆芳，吴寒光. 社会指标体系 [M]. 北京：中国社会科学出版社，2001.

[4] 贺铿. 关于小康社会的统计评价标准和监测方法探讨 [J]. 统计研究. 2003 (4).

[5] RAYMOND A B. Social Indscators [M]. Cambridge：MIT Press，1966.

[6] (美) 布莱洛克. 社会统计学 [M]. 傅正元，等，译. 北京：中国社会科学出版社，1988.

[7] 吴明瑜，李泊溪. 中国 1997—2020：科学技术与人民生活 [M]. 北京：中国财政经济出版社，1997.

[8] 李培林，朱庆芳，等. 中国小康社会 [M]. 北京：社会科学文献出版社，2003.

[9] 王梦奎，等. 新阶段的中国经济 [M]. 北京：人民出版社，2002.

[10] 王晶. 小康社会的统计指标体系研究 [D]. 长沙：湖南大学，2004.

[11] 朱军浩. 全面建设小康社会的指标体系及政策保障 [D]. 上海：复旦大学，2004.

[12] 宋林飞. 中国小康社会指标体系及其评估 [J]. 南京社会科学，2010.

[13] 苏为华. 基于科学发展观框架的和谐社会统计评估观 [J]. 统计科学与实践，2010.

[14] 于斌. 关于和谐社会的统计学研究 [J]. 统计与决策，2005.

[15] 张德存. 和谐社会评价指标体系的构建 [J]. 统计与决策，2005.

[16] 国家统计局课题组. 和谐社会统计监测指标体系研究 [J]. 统计研究，2006.

[17] 胡皓. 广东构建和谐社会的指标体系及综合评价研究 [D]. 广州：暨南大学，2008.

[18] 韩颜超，徐盈. 31 个省市自治区和谐社会水平的统计评价分析 [J]. 华东经济

管理，2008.

[19] 梅松，齐心. 和谐社会评价指标体系的构建 [J]. 北京社会科学，2006.

[20] 齐心，梅松. 大城市和谐社会评价指标体系的构建与应用 [J]. 统计研究，2007.

[21] 朱庆芳. 社会和谐指标体系综合评价和分析 [M] //汝信，陆学艺. 2008 年中国社会形势分析与预测. 北京：社会科学文献出版社，2008：353-372.

[22] 陈黎明. 和谐社会评价指标体系与评价模型及其应用 [J]. 中南财经政法大学学报，2008.

[23] 于丽英. 上海建设和谐社会评价指标体系研究 [J]. 上海大学学报，2008.

[24] 白洁. 社会和谐度指标体系研究 [D]. 厦门：厦门大学，2009.

[25] 马士龙，张来成. 北京市和谐社会指标体系简介 [J]. 中国信息报，2006.

[26] 张孝鹏. 初探建立社会和谐指数统计指标评价体系 [J]. 衡阳通讯，2010.

[27] 民生统计研究课题组. 北京市民生统计指标体系建设研究 [J]. 数据，2010.

[28] 郭秀珍. 浅议建立和完善资源节约型社会指标体系和评价体系 [J]. 有色矿冶，2007.

[29] 陈黎明，欧文. 可持续发展视角下的两型社会指标体系研究 [J]. 科技进步与对策，2009.

[30] 朱顺娟，郑伯红. 长株潭“两型社会”评价指标体系研究 [J]. 统计与决策，2010.

[31] 李鑫. “两型社会”综合评价指标体系建立研究——以长株潭为例 [J]. 当代教育理论与实践，2012.

[32] 胡永宏，贺思辉. 综合评价方法 [M]. 北京：科学出版社，2000.

[33] 郭亚军. 综合评价理论与方法 [M]. 北京：科学出版社，2000.

[34] 朱孔来. 国民经济与社会发展综合评价研究 [M]. 济南：山东人民出版社，2004.

[35] 苏为华. 综合评价学 [M]. 北京：中国市场出版社，2005.

[36] 郭亚军. 综合评价理论、方法及应用 [M]. 北京：科学出版社，2007.

[37] ARGYLE M. Subjective well-being [M] //Avner O. In pursuit of the quality of life. Oxford：Oxford University Press，1996：18-45.

[38] OECD Expert Workshop. Sustainable development indicators [M]. Paris：OECD，1998.

[39] ESPRING G，UNRISD-G. Social indicators and welfare monitoring [C] //The United Nations Research Institute. The UNRISD programme paper. New York：United Nations，2000.

[40] LAND K. Social indicators [M] //BORGATTA E F. Encyclopedia of sociology. New York：Macmillan，2000：2682-2690.

图书在版编目（CIP）数据

中国社会发展指数的构建与实证：面向全面小康社会/李连友等著．—北京：中国市场出版社，2016.12
ISBN 978-7-5092-1460-2

Ⅰ．①中… Ⅱ．①李… Ⅲ．①社会统计-统计指标体系-研究 Ⅳ．①C91-03

中国版本图书馆 CIP 数据核字（2016）第 009886 号

中国社会发展指数的构建与实证：面向全面小康社会
ZHONGGUO SHEHUI FAZHAN ZHISHU DE GOUJIAN YU SHIZHENG：MIANXIANG QUANMIAN XIAOKANG SHEHUI

著　　者 李连友　等
责任编辑 辛慧蓉（xhr1224@aliyun.com）
出版发行 中国市场出版社 China Market Press
社　　址 北京市西城区月坛北小街 2 号院 3 号楼（100837）
电　　话 编 辑 部（010）68033692　读者服务部（010）68022950
发 行 部（010）68021338　68033577　68020340
总 编 室（010）68020336　盗版举报（010）68020336
经　　销 新华书店
印　　刷 河北鑫宏源印刷包装有限责任公司
规　　格 170 mm×240 mm　16 开本
印　　张 11.5　**字　　数** 243 000
版　　次 2016 年 12 月第 1 版　**印　　次** 2016 年 12 月第 1 次印刷
书　　号 ISBN 978-7-5092-1460-2
定　　价 49.00 元